YUKIKO NONOMURA

野々村友紀子

アカン
ヒト
ズカン

Gakken

“アカンヒト”とは？

職場、ご近所、電車の中……見渡せばどこにでもいる、〝悪い人ではないんだけどちょっとめんどくさい人〟、それがアカンヒトです。

まず、知ってほしいのですが「アカンヒト」＝「ダメな人」ではありません。

「あかん」という関西弁は、私も普段からよく使いますが、すごくはっきりしているようで、柔らかさも入った不思議な言葉です。

「そんなんしてたらあかんで〜」「今月もうお金ないからあかんわ〜」

「私、トマトあかんねん〜」「あかん！　寝坊した！」

非常に汎用性が高く、関西の日常会話で頻繁に出てきます。

ちなみに「あかん」の対義語は「あかんくない」です。

〝あかん＝拒否度100％〟というわけではなく、どことなく〝ダメ60％〟、残りは「しゃーないなぁ」とか「かなわんなぁ」「しんどいわぁ」という意味も混ざった、関西特有のホワッとした「諦め」も込められている言葉なのです。

「あかん言うてるやろ！」と、怒って使うときもありますが、本書の「あかん」は前者のちょっとホワッとした「あかんな〜」。

周りにいたらめんどくさいし、しんどいけど、害ばかりではないし良いところもある。「まぁこんな人もおるか、しゃーないな」と諦めつつ、うまく付き合っていくか、できるだけかかわらずに済むように努力する。そんな、愛すべきところは特にないけれど、大嫌いにもなりきれない、アカンヒト。

本書では、今まで、アカンヒトに山ほど遭遇してきた私が、じっくり観察してきたアカンヒトの生態を細かく書いてみました。

私には中学生の娘が2人います。

彼女たちがこれからの人生で出会う人の数は計り知れません。きっとこれからたくさんのアカンヒトに遭遇し、傷付き悩むこともあるでしょう。

でも、それを恐れて人付き合いに臆病にならないでほしい。

人は、いろんな人と関わっていく中で人生や人付き合いを学び、成長をします。出会いの数だけ、自分が向上し、今まで知らなかった楽しいこと、大きな刺激を受ける人や場所に巡り合えるチャンスがあるのです。

その中には、つらいときに心を支え合える友人や、生涯を共にする良きパートナーに出会えるチャンスもあるでしょう。その人たちはいつか、人生でかけがえのない宝物となります。

積極的にチャレンジしていれば、アカンヒトとも出会うけど、その数百倍、人生を豊かにするための出会いが必ずある。

だから、アカンヒトから逃げるだけではなく、うまく接したり、どうしたら華麗にかわすことができるのかを考え、自分で自分の人生を楽しいものにする人になる。それが大切なのです。

それは、大人も同じ。〝今さら新しい出会いは面倒だから〟と、古い付き合いやしがらみにいつまでもしがみついてストレスを抱えていませんか？

本書が、人との関わりや、自分を見つめ直すきっかけになれば幸いです。

そして、「こんなヒト、いるいる！」と、少しでも日頃の人間関係のストレスから解放されて笑ってもらえたら。

本書を手に取ってくださったみなさまに良い出会いがありますように。

第1章 そこらへんにいるアカンヒト

第2章 子育てしてると遭遇するアカンヒト

第3章 職場に生息するアカンヒト

第1章

FILE 001 - FILE 015

そこらへんにいるアカンヒト

アカンヒト
FILE
001

違う違うそれは違う全否定さん

会話の中でいきなり否定されると、悲しい気持ちになってしまいますよね。よっぽど的外れな意見を言ってしまったのなら文句はありません。しかし、こちらが何を言ってもとりあえず否定から入る人いませんか？　ときには、こっちは何も言ってないのに否定されたり、相談してきたから意見を言っただけなのに「いや、違う」と、否定されたり……。わけわからん！　そんな、全否定さんと話していると、モヤモヤして疲れてしまうのです。

全否定さん「上司が嫌いで会社行きたくないんだよね」
私「え、そうなの？」
全否定さん「**違うの**、別にいじめられてるとかじゃなくて」
私「（なんも言ってないけど）そうなんだ。嫌な人がいるんだね」
全否定さん「**いや**、嫌な人っていうか、とにかく細かいのよ」
私「あぁ、そういう人いるよね」
全否定さん「**いや、なかなかいないよ！　あんな人。**昨日も死ぬほどチェックされちゃってさ」
私「細かいんだ」
全否定さん**「いや、細かいっていうか、細かすぎるんだって！」**
私「（細かいでよくない？）その上司のせいで会社行きたくないと」
全否定さん「**いや、違うんだよ**、私はただ、自分のペースで仕事がしたいだけなの」
私「（アカン！　何言っても否定されるー！）へぇー……」

ああああーしんどい!!　しんどいわ！　なんて言ったら正解やねん！　完全に同じ意見のときもあるのに、1回否定されてまた同じこと言われるって、一体どういうマジック!?　否定されるたび、頭の中に〇木雅之さんの曲のワンフレーズが流れます。どうせならもう歌ってくれたほうが楽しいわ！　全否定はアカンで！

（もし遭遇したら）

話す前に「否定するかもだけど」と言うと、「いや、別に否定しないよ」とくるので、「ほら！　しとるがな！」と言ってやりましょう。

アカンヒト
FILE
002

どーでもいいミニクイズ出したガール

会話は、お互いが楽しいことが大切です。自分語りや自慢ばかりで、盛り上がっているのはひとりだけ……ではアカン！　そして、会話の中にいちいち、だーれも興味のないどーでもいいミニクイズをちりばめてくる人にも困ります。

　どーでもいいミニクイズというのは、例えばこういうやつ。

出したガール「私、後輩に何歳に見えるって言われたでしょう？」

うちのダンナは
何歳でしょう？
わかったらこれで
答えてください

私「えー、32歳？（どーでもいいけど）」
出したガール「ブ～！　31歳だって……お世辞言い過ぎだよね？」
私「（どーでもいいわ！）」

出したガール「聞いて！　今日さ、朝起きてまず、誰から電話きたと思う？」
私「さぁ？　お母さん？」
出したガール「昔バイトしてたときの先輩」
私「（知らんし！）」

出したガール「で、なんと！　私が怒ったら、その店員さん、なんて言ったと思う？」
私「なんだろ？　〝はぁ？〟とか？」
出したガール「クリーニング代はこちらで支払いますが、入金手数料240円はお客さまにお支払いいただくことになります、だよ!?　信じられないよね！」
私「（いや、わかるか！　そんな長文！　エスパーか！）」

頼むから大したことない話はクイズにしないで～！　頻繁にこれをやられると会話が進まないのでイライラするのよ！　**「わかんない？　じゃあ、ヒントね！」**って、ヒントはいらん～！　答えくれ、答え！　**いや、答えもいらんねん!!**　答え聞いたとて、こっちは「へぇ～」しか言われへんねんから、最初からスッと言って～！

毎回、長考して本気で当てにいくとやめるよ。

（もし遭遇したら）

アカンヒト FILE 003

いらんこと報告委員会

世の中には、〝言わなくていいこと〟〝聞かないほうが幸せなこと〟がありますよね。しかし、同じ世の中に、いちいち**〝いらんことを報告してくる人たち〟**も意外とたくさん生息しているので困るのです。

〝いらんこと〟にもいろいろあります。あまり仲良くないのに開口一番、「遅れてすみません！　便秘で！」という、シンプルに**「別に言わんでええねんで」**ということを報告してくる人から、「おはようございます。いや〜昨日、唐揚げ食べすぎました〜」というどうでもいいこと系の人や、人を紹介するときに「この人、めちゃくちゃ面白い人なの！　ねっ？」「すごくピアノ上手なのよ！　ねっ？」という、**おいおい、やめてくれ系**の人など、多種多様です。そんな中でも、特に困ってしまうのが、聞きたくないことを報告してくる人。

「ねえ！　知ってる？　**○○さん、あなたの悪口言ってたよ〜**」

清々しい顔でそんなこと報告されても、聞かされたほうはたまりません。え！　知らんかった！っていうか知りたくなかった！　知らんまま生きていたかったー！　誰かに悪口言われてた話なんてまったく聞きたくないっつーねん！

「ひどいよね！　大丈夫？」

は？　いやいや！　大丈夫も何も落ち込ませたのはあなたですよ！　こちらが落ち込んだりしようものなら、「いいじゃん、言わせておけば！　**そんなこといちいち気にしたらダメだよ！**　強くならなきゃ！」と**謎の説教**をかましてくることもあるから気を付けて。しかし、どういう気持ちで励ましてんの？　目的がわかりません。

こちらがあまりにもテンションが下がると、急に弱気な声でこんなことも言う。

「え？　……もしかしてこれ、言わないほうが良かった？」

今更なんですか!?　ほんでその被害者ヅラは何!?　何を「え？　これって私が悪いの？　違うよね？」って戸惑いフェイスしてんの？　被害者はこっちやー！

これは自分の中の罪悪感を消すための、「大丈夫、言ってくれたほうが良かったよ、ありがとう」待ちなので、絶対に言っちゃダメー！　もし「言わないほうが良かったかな」と言われたら、正直に「せやなあ」と食い気味で返していいです。人の気持ちを考えないで自分のスッキリ感を優先したらアカン！

そして、もし自分がどこかで友達の悪口を聞いたなら、「そんな人じゃないよ」とそっと訂正してあげましょう。もちろん、本人への報告は無用です。

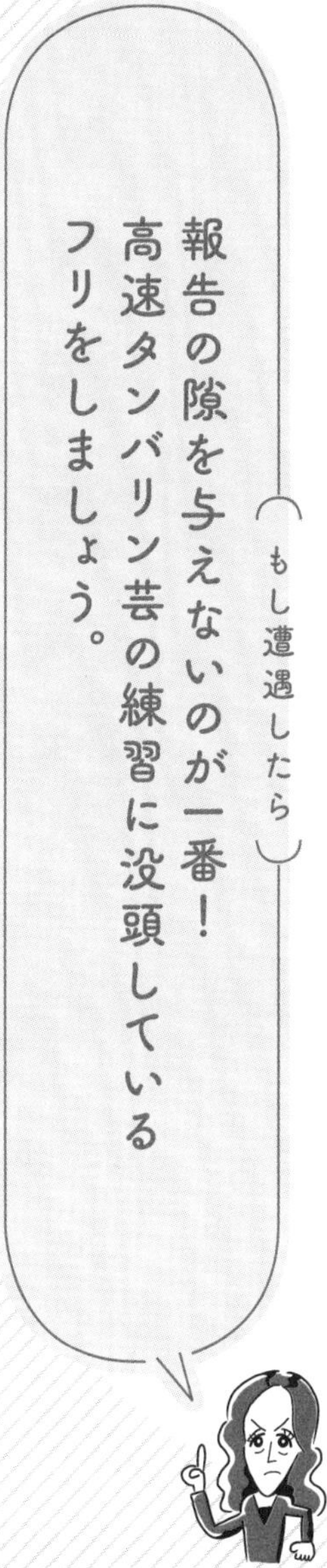

もし遭遇したら
報告の隙を与えないのが一番！
高速タンバリン芸の練習に没頭しているフリをしましょう。

アカンヒト
FILE
004

お笑い芸人気取り

明るくて面白い人は、一緒にいて楽しいものです。でも、度が過ぎる面白アピールや、他者への面白さの強要は、周りを疲れさせてしまうだけかも。まるで芸人気取りのアカンヒトっていませんか？

「あの店行ってきたわ、**相方と**」

相方？　あ、**彼氏のことか。**まあ、自分の配偶者やパートナーのことを〝相方〟と呼ぶのはまだよしとしよう。

「ほら、私ってツッコミ担当じゃん？」

そうやったん？　知らんけど。誰も求めてないけど、勝手に担ってるのね！

「で？　オチは？」

はい、これうざい。オチなんかなぁ、別になくてええねん！　芸人だってプライベートではオチない話だらけやわ！　すべての話にオチが必要やと思うなよ！　ただ、あまりにもオチのない、どーっでもいい話を2時間くらいぶっ通しでする人には私も心の中で言っちゃうかも。

「で〜？　からの〜？」

やかましわ!!　素人が下手に手出しても絶対うまくいかんから、やめとき！

「そこ、笑うとこだから」

私、笑い忘れてるわけじゃないねん。笑うかどうかはこっちが決めるから、いちいち教えてくれんでええわ！

「ちょっと〜！　ボケたんだからツッコんでよ〜」

うざ！　こんな要求するやつに限ってツッコむほどのボケじゃないねん！　ツッコんでほしいなら全員に見逃されるような薄いボケするなよ！
こういう人は、急に下手な毒吐いて、場をシラけさせてるのに「え？　もしかして本気にしちゃった？　**ボケだよボケ！**　ツッコんでくれないと！」と、シラけたのはこっちの責任にして、さらにスベる、とんでもない技も持っています。プロでも素人でも独りよがりではなく、周りが本当に楽しんでいるかをよく見ることが大切です。楽しい笑いで生活を豊かにしましょう。

（もし遭遇したら）

1ミリも笑わずに「あはは」と言おう。

アカンヒト
FILE
005

すぐ言っちゃうヒト

「これ、誰にも言わないでって言われたから誰にも言わないでね」

ん？　いや、それって言うたらアカンやつなんちゃう？　「絶対に誰にも言わないで」って言われたことを、「誰にも言わないでね」と**付け足せば誰かに言ってもいい**と思ってる人、いませんか？

〝すぐ言っちゃうヒト〟は、まずよくわからない予防線を張ってきます。

くいくい
誰にも言っちゃダメな話
入荷したで～

「これ、絶対に絶対に……**私が言ったって言わないでね**」

どういうこと？　なぜか私も誰かに言う前提で話してる？　そして〝すぐ言っちゃうヒト〟は、よくわからない葛藤をします。

「待って！　これ言っちゃっていいのかな？　え？　どうしよ！　ダメかな⁉」

なんやその急な迷いは。ダメって言われてるんならダメなんじゃない？

「言っちゃう？　えー！　言っちゃうか？　言っちゃうのか！　私〜！」

始まったよ、謎の自問自答タイム！　迷っているように見えるけど、これは自分が悪く見えないように、こちらから「いいじゃん、教えて」と言ってほしいだけ。絶対に乗っちゃダメ。ここまできたらこういう人はもう止まらない！　こちらがどう言おうと絶対言う！

「え〜どうしよ！　でもいいや！　**っていうか、もう言いたい！　聞いて！**」

ハイ、葛藤終わり。本音ダダ漏れ！　もし、聞きたくないと思ったら「やめとくよ」とハッキリ言いましょう。下手に聞くとこれからも〝誰にも言わないでね話〟を聞かされてしんどくなったり、自分も他人から同じような人だと見られるかも。こういう人に〝ふたりだけの秘密〟は通用しない。自分の話も、必ず翌日には噂になります。気を付けて！

（もし遭遇したら）

とにかく長く話し込まない。「誰にも言わないから教えて」は信用するな！

アカンヒト
FILE
006

絶対無責任人間

不安なときに、信頼している親友や家族に〝大丈夫〞と言ってもらえたら、安心して前へ進めます。迷っているときは、誰かに背中を押してもらいたい瞬間もあるでしょう。でも、ただただ無責任に根拠もなくグイグイ押してくる人は、アカンよ！

「絶対かわいい!!　絶対こういうの似合う!!」

いつもと違うテイストの服や、やったことのない髪型を全力で勧めてくる人。なぜか他

絶対飛べるって！
○○ちゃんなら
絶対いけるよ！
手をぐっと広げたら
絶対
飛べるよ!!

人に大冒険を勧めるけど、失敗しても知らんぷり！　「絶対似合う！」って言うから、思い切って金髪角刈りの全身ピンクのピチピチ迷彩スタイルにしたのに、**ぜーんぜん似合ってへんやないかーい！**ということにならないように……。こういう人との買い物は、ひとりだと絶対に買わないものや、いらんもんばかり買ってしまうので要注意！

「絶対大丈夫！　絶対、相手も好きだって！」

とにかく告白を勧めてくる人。なんの根拠もないのに「絶対に大丈夫だから告白しちゃえ！」。そんな言葉の勢いに乗って告白してみたら……。あれ？　なんで私フラれてんの？　どこをどう見て大丈夫って思った？　調子に乗って告白したら、超意外そうなキョトン顔してましたけどー！　……ってことになるかも。

こういうお調子者で無責任な絶対人間の中には、「絶対損しないから大丈夫！」とか「絶対倍にして返すから」とか調子のいいことを言ってあなたの大切なお金を持って行ってしまう人もいるかもしれません。言葉だけを信じずに信用できる人間かどうか、きちんと見極めて！

信じていいのは、本当に信用できる親友や家族の言葉。そして、自分自身だけです。信じられる自分でいるには、社会の動きや情報に敏感でいたり、嘘を見抜く力を磨く努力も必要です。自分のことは自分で責任を持って決められる強い大人になりましょう。

（もし遭遇したら）

「1回持ち帰ります！」と、とりあえずすべての意見をテイクアウトして冷静に考えましょう。

アカンヒト FILE 007

チェック魔人

他人のことは、あまりあれこれ詮索しないのがマナーですね。たとえ親しい人や家族でも、口を出されたら嫌なことはあるものです。なのに、人のやることなすことチェックして、いちいち口を出さずにはいられない、アカンヒトもいるのです。

「そんなに高い化粧品使ってどうすんの？」出ました、**値段チェックさん**。とにかく他人の使っているものの値段を聞いて、ひとこと言ってやんないと気が済まない。

全てノチェックした結果
あなた0点でした
0点

「ここ家賃いくら?」「そのコート高かったでしょ?」と散々聞いて、なんとなくの値段を聞き出し、「え〜もったいない！　私なら絶対買わない」「貯金したほうがいいよ！」と謎の説教。こっちだって節約して買ったりしてるのよー！　良いものは長く使えて経済的だったり、肌に合うのがこれしかないというパターンもあるのに、なんでもかんでも無駄遣いみたいに言わんといてー!!　そこまで高いものじゃなくても自分の価値観だけで助言するのはアカン！

「これどこの?」「日本製?」

ブランドチェックさん、生産地チェックさんもうざいよ！

「え〜太った?」「もう若くないんだからさ、そういう服はやめな〜」「髪型変えた?　前のほうが良かったのに」

自分は服にも体型にも無頓着なのに、他人のファッションチェックと体型チェックだけはかつてのピーコさんばりに厳しい人もしんどい！

一番大きなお世話な**お宅訪問チェックさん**！　「ベランダ狭いね〜」「洗面所暗くない？」。はいはい、そうですね、出ていけー!!
ぜーんぶ、「うるせー！」と言えたら楽やのに！

（もし遭遇したら）

「出たよ〜、○○ちゃんチェック〜（笑）」と、ちゃんと迷惑アピールしましょう。

アカンヒト
FILE
008

フクロウ集めすぎてプチ不幸さん

人は皆、不幸を退け、幸福になりたい。そりゃそうです。神社にお参りに行ったり、お守りを買ったり、引っ越しの方角を気にしたり。誰もが一度は経験があるのではないでしょうか。

〝**フクロウ**〟に大きな関心を寄せる人もいますが、調べたらその気持ちもわかります。〝フクロウは**「福」を運ぶ鳥**〟と呼ばれ、その由縁もひとつやふたつじゃないんです。

〈福来朗→**福が朗らかに来る**〉〈福籠→福が籠る〉というものから、〈不苦労→苦労知らず〉〈富来老→豊かに老いる〉〈福路→旅の安全〉〈袋→知恵袋〉と出るわ出るわ。「なるほど〜」からちょっと「ん？」な〝四露死苦〟ばりの当て字まで、福々語呂合わせのオンパレード。しかも、首がよく回ることから「未来を見通す先見の明を持つ」「借金で首が回らないのを防ぐ」とも言われ、暗闇で目が利くことから、「幸運を見逃さない」、鋭い爪で「幸運をしっかり握って逃さない」……いやアカン！　ちょっと多くない!?　フクロウの福、止まらんやん！　必死やん！　なんぼでもイケるやん！

これなら、「ホーホーと鳴くがよーく聞くとフークフークとも聞こえ、福を呼び込む」とか「羽毛で覆われていることから羽を頭に当てると毛が生える」とか、**私が適当に考えたやつを勝手に紛れ込ませていてもイケそう！**

これはもう、フクロウひとつ持っていたら間違いないな！　稀に見るオールマイティー幸運グッズ！　〝**フクロウの服**〟なんか、もう〝福〟だらけで**ウハウハ**やん！

福神漬けのシミでもつけりゃ、最強やで！

ただね、趣味としてちゃんと管理して楽しんでいる人はいいのですが、福がたくさん欲しすぎて、何百という数のフクロウの置き物を買い集め、ただただお金が減り、家が狭くなり、家族との関係が悪くなり、掃除が大変でホコリっぽい場所に住むのはプチ不幸。本末転倒やで！　幸せってなんだっけ。地道な努力の上にも、福は来る。

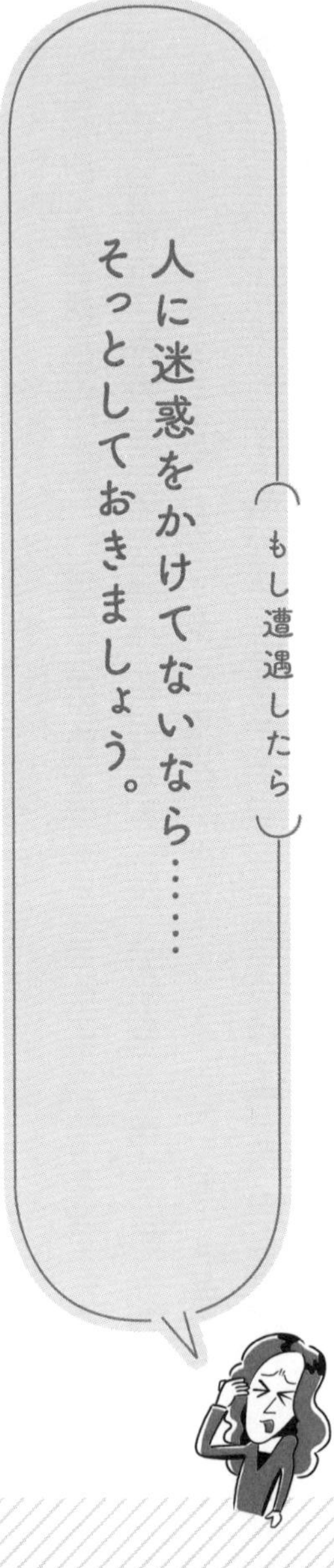
（もし遭遇したら）
人に迷惑をかけてないなら……
そっとしておきましょう。

アカンヒト
FILE
009

世界・不思議発見！ちゃん

〝不思議ちゃん〟というと、ちょっと変わったファッションをしていたり、フワフワしたことを言ったりする人、というイメージですが、この〝世界・不思議発見！ちゃん〟は、人が放っておいてほしい部分にズケズケと入り込み、**「不思議不思議～なんでなんで？」**と大袈裟に不思議がっちゃう、近くにいるとちょっと迷惑な、本物の不思議ちゃんのことです。

「2年も彼氏いないの⁉　**不思議〜！**　なんでなんで⁉　**全然見た目普通なのに！**」

ハイ、これです。なんやろう、この引っ掛かる気持ちは……。一見、**褒めてるようで褒めてない**し、なんとなく上から言っているような気もする、まさに「不思議！」な言い回し。**なんでも不思議がれば悪口言ってもいいと思ってない⁉**

「えっ！　結婚して5年も経つのに子どもいないの⁉　なんでなんで⁉　**不思議！**　えっ、**夫婦仲悪いの？**」

放っておいてー！　最後のひとことがほんと余計やねんなあ。

「えっ⁉　まだ結婚してないの？　なんでなんで⁉　不思議〜！　えっ、ごめん、私勝手に子ども3人くらいいると思ってた（笑）。なんで結婚できないんだろう！　ほんっとに不思議なんだけど！　わかった、理想高すぎるんじゃない？」

いやほんっとにうるさいんですけど‼　勝手に理由を探索して答え出そうとする、**ひとり不思議探検**やめろー！

そんなことこっちが知りたいわ！と思ってることや、人に言いたくない事情があるかもしれないことを「なんでなんで？」と聞くのはアカン！「ハハ、なんででしょうね」と苦笑いするしかないやろ！　そんなに不思議がりたいんやったら、3年くらいひとりで**古代遺跡でも行って来い!!**

（もし遭遇したら）

「えっ、何がそんなに不思議なの!?
すっごい不思議〜!!　なんでなんで？」と
不思議がってやりましょう。

アカンヒト
FILE
010

闇の国の病み子ちゃん

一生懸命生きていれば、誰だって失敗することも落ち込むこともあるでしょう。失敗は、チャレンジした証。成功への第一歩。落ち込んだり、立ち直ったりしながら、成長すればいいのです。

人によっては、がんばりたいけどがんばれない、心の休息が必要な人もいます。そんなときは、がんばらないことが一番。心と体を甘やかして、一番楽なことをしてゆっくり過

ごしたいですね。でも、なぜかたま～に、**心も体も健康で特にな～んもしていない**のに、年中病んでる（というアピールをしてくる）人もいます。病んでおきたい、病んでいる自分が好きな人は、ちょっと厄介なのです。

とにかく体温計や包帯や薬が好きなので、何かと〝体調悪い匂わせ写真〟をSNSに載せていたり、夜中に意味深なツイートをしてみたり、LINEのステータスメッセージ（プロフィールのひとこと紹介）を「誰に向けての何メッセージやねん！」という言葉を書いてアピってみたりの手法が一般的。

「もう無理」

「寒いよ……」

「フロム闇の中。何も見えない聴こえない」

完全に〝**大丈夫？待ち**〟です。しかし心配して〝大丈夫？〟とメッセージを送っても「なんでもないよ……」「○○にはわからないと思う……」と、さらなる**〝どうしたの？待ち〟**へ。からの、「私なんてどうせかわいくないしスタイル良くないし、みんな私のこと嫌いなんでしょ」経由で**〝そんなことないよ待ち〟**という一連のパターンへ。最初から「とりあえず私のこと持ち上げて」と言ってくれたほうがマシや！

そして、〝寒い〟なら「まずは暖かくしたら？」と、具体的な解決策を一緒に考えようとしても、なぜか話を逸らされて終わり。いつもそうだと、おい！　なんや！　解決したくないのか？　ほんまは悩んでないんちゃうんか？とモヤモヤしちゃう。

本当に落ち込んでいたり、病んでいるのなら話を聞いてあげたいですが、心配して連絡したら、ただ彼氏とちょっとケンカしていただけで、仲直りしたらもうこちらからの連絡は無視する人も……。他にも、ただただ不幸アピールするばかりで中身がなかったり、散々周囲に心配させておいて翌日にはけろっとしていたり、なんでも人のせいにしてネガティブ発言ばかりしている人はアカン！　距離を置いてもいいのでは。

じゃないと、こっちがしんどくなって病んでまうわ。

「ただ幸せになりたいだけなのに、なんで？」
「なんで誰も助けてくれないの？　みんな嫌い」
一人で嘆いてばかりじゃなく、まず不幸がるのをやめるだけでも、幸せに一歩近づくかもしれません。幸せは、日常の小さな努力の上に築き上げるもの。自分で見つけましょう。

（もし遭遇したら）

「最近SNS疲れだからしばらくやめるね」と、「何も見ません」アピールで逃げましょう。

アカンヒト
FILE
011

写真送り魔

私は実家が遠く、なかなか親に孫を会わせてあげられないこともあり、離れた家族や親戚、気心の知れた仲間と手軽に動画や写真のやりとりができる、この便利な時代には感謝しています。友達の子どもの成長が見られるのも楽しいものです。

でも、ちょっと困るのが、そこまで深い友達でもない人からの突然のプライベート写真。いや、あんまり知らん人の、全然知らん

旦那や彼氏の写真、**なんて返したらいいの!?**

「素敵だねー」「いい人そう」だと無難すぎるのか？と気を遣うし、かと言って「カッコイイ！」と言うのも、なんかそんな目で見てるようで嫌だな、とか、じゃあ「仕事できそう！」「センスいいね！」か!?　あ、わかった、「俳優の○○に似てるね」はどう!?　それなら褒め言葉やし嫌な気はしないだろ！　あの俳優さんにしよう。最近CMでカッコイイと言われているあの人ね。正直、まったく似てはないけどもこういうのは雰囲気ですから雰囲気。ね！　ほんで、えーと、あの人誰やっけ？あのドラマに出てた、ほらあの、馬とか乗れて、辛いもの好きな……アカン、名前が出てこん！　ちょっと検索してみよ。そうそう、このドラマ。再放送やってるんや、へぇ～、いや、ちょっと待て。私は何をしてんねん。**なんでこんなことに、こんな時間を割かなアカンねん！**　……ってなるから送ってこないでー!!

子どもや家族の写真をしょっちゅう、連続で送られてくるのも困りもの。自分に子どもがいたら**〝必殺・子どもの写真返し！〟**で返せますが、いないときは困りました。そりゃ、「かわいい〜！」しか言いようがないよ。「大きくなったね！」「ディズニー行ったんだ、いいな〜」「ハワイか〜行きた〜い」返しはだいたい決まってるよ！もうAIが勝手に判断してテンプレ送ってくれたら楽やのに！　ていうか、なぜ逐一家族の行動を送ってくる？　私のスマホに思い出貯めてる？　他人のスマホは日記じゃないですからー！

仕事帰りか遊びの帰りなのかな。**夕陽や朝焼けをリアルタイムで送ってくる人**もいました。

「窓の外を見て。プレゼント」

はぁ!?　あのなぁ、そっちはひとり優雅にロマンチックな感じなのかもしれんけど、こっちは夕飯の準備でゴボウ削りながら、ギャン泣きの赤ちゃんを背負ってあやしつつ、上の子のわけのわからん前衛的ダンスを褒めながら一緒に小躍りしている最中やねん！　窓の外なんか見れるか！　温度差半端ないんっすわ！　そんなときにそんな写真とわけのわからんメッセージ送ってこられてもなぁ、夕陽の写真を無表情で0.2秒見て、ソファーにポイ！　なんっすわ！　自分で言うのもなんですけど、舌打ちせんだけええ子ですわ！　褒めてほしいっすわ!!　ほんまはスマホも夕陽に向かって投げたいくらいや！　自分のSNSでやれ！　SNSで！

……自分だけじゃなくて、他人の気持ちを考えよう。あと、**海外の面白画像や、誰かの名言**ばっかり送ってくるのも、真顔で〝笑〟とか〝泣〟とか送るのしんどいから送りすぎはアカンでー！

もし遭遇したら

毎回、8時間遅れで「いいね！」というスタンプを1個だけ返すと、そのうち送ってこなくなるよ。

アカンヒト
FILE
012

悪口のエグ味エグすぎ子さん

悪口は、なるべく言わない・聞かないが基本。しかし、世間には理不尽な人もいます。職場や家庭など、近いところでずっと接していると、「あの人のああいうところ、ちょっと困るよねー」くらいは、報告や感想として言ってしまうことはあるでしょう。でも、手当たり次第いろんな人の、**エグ味のある悪口**を言いまくる人はアカン！

「Aさんの家ってさー、趣味悪いよね！　家

具安っぽくな〜い？」

「Bさん、地味な顔してんのに、よく派手な服着るよね！」

「言っちゃあ悪いけど、Cさんの旦那さんブサイクだよね！　子どももそっくりじゃん！　しかもあの子バカなんでしょー？　うちの子に聞いたよ」

こういう、聞いているだけで運気下がるどころか魂汚れる悪口はつらいわー！　目に染みるエグ味の悪口は1割に減らして、笑えるおしゃべりを9割にして、他人じゃなく自分のことを気にしてみたら、きっと人生はもう少し楽しくなるはず。そうしたら、他人の悪口を言う暇なんてなくなるものです。

（もし遭遇したら）

遠くから挨拶だけして逃げるが一番。

アカンヒト
FILE
013

ネズミ講ネズミ人間

我が家の家訓。

・借金はするな。もし貸すなら返ってこないと思え。

・〝振り込み〟関係の電話がかかってきたらだいたい詐欺と思え。

そして、

・しばらく会っていない知り合いに呼び出されたらネズミ講だと思え。

今ならネズミ講の仕組みを利用したマルチ

商法ですね。誰でも一度はあるのではないでしょうか。久しぶりに会って話したいことがあるって言われて心配して行ったら**勧誘かーい！**　旧友だけではなく、ママ友、大学、マッチングアプリで知り合った人から勧誘されることも増えていますので、若い人からお年寄りまで気を付けましょう。

よくあるパターンが、ファミレスに呼び出され、いきなり紙に**〝労働者〟**と**〝ビジネスオーナー〟**と書いたものを見せられ、「あなたは今、労働してお金をもらっている、**ソッチ側の人間**。働かないでお金が入ってくる、**コッチ側の人間になりたくない？**」という、メタメタに上からの勧誘文句。

なんやそれ！　**労働者で悪いか！**と、腹も立ちますが、すぐに対処しないと、ここからどんどんうまい話で丸め込まれて、最終的には〝偶然近くにいた組織のすごい人〟が呼び出され、乱入してきて2対1で勧誘されたり怒られたりしてほんとに面倒くさいです。早めに一切興味ないことを告げてその場からなんとしてでも立ち去りましょう。

〝会員〟〝セミナー〟〝良い商品〟〝簡単に儲かる〟〝すごい人〟には要注意。そこから繋がるのは、**〝人間関係崩壊〟〝離婚〟〝退職〟〝自己破産〟**。勧誘する側の人間になって見境なく勧誘しまくり、親族一同、友人、恋人、職場を一度に失った人もいます。お金と人間関係と信頼は、なかなかもとに戻せんぞ！　欲のために本当に大事なものを失うようなことをしたらアカン！

そして、マルチ商法というのは、〝他人にインチキのモノを売って簡単に儲けたい人〟がやっているというイメージがあるかもしれません。しかし、組織の末端の人というのは〝本気でその商品がものすごくいいもの〟だと信じて（信じさせられて）せっせと自分のため、家族のため、友人のために購入し続け、お勧めし続けている人もたくさんいます。

周りは「人が変わった」と思うでしょうが、本人は変えられたことに気付いていません。組織の人と商品を心から信頼し、もはや人生になくてはならない存在になっているのです。それを信頼の薄い周りがいくら否定しても逆効果。この〝信頼〟というものは、打ち砕くのがとても厄介なのです。なので、まず、**大事な人や自分がハマらないように防ぐのが一番！**

我が家の家訓。

・うまい儲け話はないと思え。

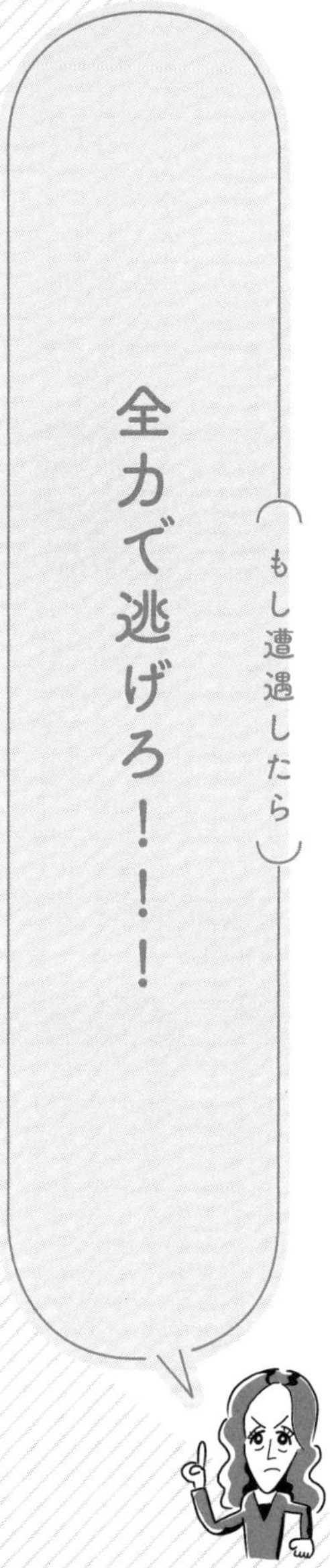

アカンヒト
FILE
014

占い最高人間

占いは、背中を押してくれたり、心を強くしてくれることもある、悩んだときの解決策のひとつ。ただ、人生のなんでもかんでもを占いがないと決められなかったり、他人にそれを強く押し付けるのはよくありません。

ノリ気じゃない人を「絶対1回見てもらったほうがいいって！」「めっちゃ当たる人紹介してあげる！」と半ば強引に〝**知り合いの占い師**〟のところへ連れていく人には注意。

言うことを聞きすぎると、だんだん「あの人と一緒にいたら良くないよ」「これをするのは良くない。これにしなさい」と生活面にまで強めの指示をしてくるアカンヒトになって、気が付いたときには、大切な人間関係や生活や金銭をその人にすべて**支配される第一歩**になるかも。

以前、いろいろ悩んでいた知人が〝絶対に当たる占い師〟を紹介されて、3万円を払ってみてもらったら、**「毎晩、近くの川にシジミを流しなさい」**という、超絶わけのわからんお告げをもらってしまいました。言われた知人は毎晩毎晩、スーパーにシジミを買いに行って、ないときはアサリを買って、夜中に近くの小川に放り込んだらしい……。

1週間くらいして、「なんやこれ!!　めっちゃめんどくさいし、しんどいし、貝代でお金はなくなるし、**まったくええことないわ!**」と、我に返ってやめたから良かったけど、あのまま続けてたら多分いつか**不法投棄で捕まって余計な不幸**背負い込んでたで！　川の生態系もおかしくなりそうやしな！　まあ、シジミパワーで川はきれいになるかもしれんけど！

生きることは、選択の連続。誰かに助けてほしいときだってある。占いを否定するわけじゃない。でも、〝決める〟のは最終的に自分がいい。選んだ責任も反省も自分。成功したときの手柄も喜びも自分のもの。ちゃんと悩んで決めたなら、たとえ失敗しても大きな悔いは残らないはず。

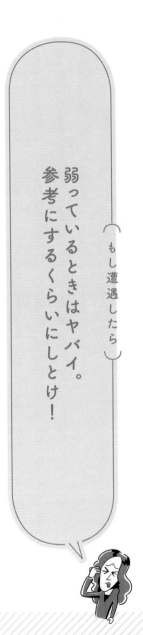

（もし遭遇したら）

弱っているときはヤバイ。参考にするくらいにしとけ！

アカンヒト
FILE
015

オチ探偵

〝話し上手は聞き上手〟と言いますが、話が面白い人ほど相手が話しているときは邪魔をせず、良い相槌を打ってちゃんと聞いている人が多いですね。話には、順序と流れが重要なことを知っているからです。

反対に、話の腰を折りまくる人は、自分も脱線ばかりで何が言いたいのかよくわからない話をする人が多く、話がつまらない。そして、話していて一番疲れるのが、こちらの話のオチを全力で当てにくる〝**オチ探偵**〟。

待って!!
オチ当てるから!!
マジで!
マジで当てるから!
水晶使っていい?
だんながへらじかにはねられた?
違う??

例えば、「先月、大阪でたこ焼きを食べてたら偶然Aさんに会ってびっくりした。しかも結婚したことも知らなかったのに離婚したと聞いて、さらにびっくりした！」という話をしようとして、まず「この前ちょっとびっくりしたことがあって……」と話し始めた途端、**「何!? わかった！ 旦那が浮気した!? え？ 違う？ 待って、わかった！ お金拾った？」**と、こちらの話を全力で止めて早口でオチを当てようとしてくるのがオチ探偵。しんどいー！ 当てんでええねん、早押しクイズじゃないねんから！ 話が進まんからやめてくれー!!

で、こちらが「ううん、違うの。あのね、先日大阪でたこ焼き食べてたらなんと……」と、また話し始めると……**「わかった！ たこ焼きの中に何か入ってた？ 異物混入だ！ 違う？」**（違うー!!）「え、待って待って！ わかった、待って」**（おまえが待てー!!）**「え!? ていうか、ちょっと待って！ 大阪行ってたの？ お土産はー？」。なんやそれ！ ちょっと待て！ 1回黙って！

こんな調子で、1分で終わる話を10分くらいかけてして、やっとオチまでたどり着いたと思ったら、もはやなんの話かようわからんのか、自分の思っていたオチじゃなかったからつまんないのか、**「……ふーん」**。……いや、「ふーん」ってなんじゃー!!　「ここまで引っ張っておいてそれ？」って顔してるけど、勝手に引っ張ったのはそっちやー!!　話し終えた頃には、体力ゼロになって寝込みたくなります。しかもオチが当たった試しがない!!　当てられても困るけど！

（もし遭遇したら）

「Aさんが離婚したんだって！　結婚してたの！　大阪でばったり会って聞いた！　たこ焼き食べてたら！」と、結論を先に言って畳み掛けるように遡っていくしかないでしょう。

他人のSNSに困る内容を勝手に掲載されたとき、どうしたらいい？

最近は運動会の写真をSNSに載せてはいけない幼稚園や保育園が多く、個人情報の取り扱いは厳しいですよね。でもまだゆるい人もいて、集合写真など許可なく載せられることも。しかも自分だけ最悪な顔。削除してー！と思っても言いにくいんですよね。なので私は、自分が載せて欲しくないときこそ「もし載せるなら顔は隠したほうがいいよね」と、周囲に積極的に確認しまくって相手にも気付いてもらうようにしています。逆に自分が誰かの写真を載せたいときには、撮った直後にタレント事務所の確認ばりに「これ載せても大丈夫？」と見せて、気

になるようだったら相手に自分で修正してもらった写真のみを載せています。あんまり聞き過ぎたらうっとうしいと思われるかなと躊躇するかもですが、あとで何かトラブルが起こるよりはよっぽどいいです。

あと内密にしたい話をSNSに書かれた場合は、悪気なくやってる人がほとんどなので我慢せずにすぐ言いましょう。強すぎる物言いにならないよう、やんわり知らせるのがいいですよ。意外と盲点なのがコメント欄で、個人情報をサラッと書いてくる人もいます。私も「ケーキを近所で買いました」とわざとボカして書いたのに、思いっきり「○○駅の○○ですね」って書かれて、やめてくれ〜ってなったことがあります。そういう場合は「知らない人も見てるけど大丈夫かな〜？」と、優しく伝えて削除してもらいましょう。

自分のフォロワーには子どもの顔を見せてもいいけど他では嫌な人もいます。人にはそれぞれいろんな事情があるから、元恋人によるストーカーや、暴力的な夫から逃げている最中の人が周りにいるかもしれないとか、考えすぎくらいで配慮したほうがいい。ほんま、大事なのは想像力ですわ。

そんなに仲良くない人から重めの相談ごとをされたとき、どうしたらいい？

なんとなく重い話や相談をしやすい人っているんですよね。私もよくありますよ。初対面の人やあんまり知らない人と初めてご飯行って、いきなり過去の大暴露されるみたいな。でも、そういう場合は解決策を探してるというより過去の懺悔や後悔の気持ちを聞いてほしいという人が多いので、その場合はもう〝聞くに徹する〟。話聞いて相槌打って共感して「そうかぁ」って一緒に悲しんでます。

人の相談事を重く受け止めて自分も一緒に悩んだり解決策を探すのは、とても神経をすり減らすし、大変な相談を受けるほうにも自分の言葉に対しての責任が

ありますからね。もし、この人の人生を背負ってもいい、と思えるような仲のいい親友に重めの相談をされたなら、一緒に受け止め、親身になって解決策を探したらいいと思います。でもすべての人の人生は背負えないし、世の中には親しい人に絶対言えないけど誰かに吐き出したいだけの人もいます。だから私は「聞くだけやったら聞くよ」という感じで対応することにしているんです。

他人の重めの相談を受けて精神的に疲れてしまう人は、特に真面目に向き合わないほうがいいですね。人の悩みに深入りしすぎると、その人の生霊というか、負のオーラをまとってしまう気がするんですよ。そういうときは自分で気持ちをパッと切り替えないといけないのですが、そのためには視野が狭くならないことが大事。私は、世の中にはいろんな人おるよなぁと思うだけなので、人の相談に乗って気持ちが落ち込んだことはありません。

だから相談を受ける余裕がある場合のみ「話だけ聞くよ」でいいのでは。で、向こうがスッキリしたらそれでOK。自分もしんどいことを抱えてるわけですから、その中でできることをやればいいだけです。

いつも他人と自分を比べて落ち込んでしまい、自信のなさからすぐに謝ってしまう。卑屈な自分をどうしたらいい？

自信がなくて他人にどう思われているのか気になってしまうという悩み、よくありますよね。でも、他人ってそれほど自分のことを見てないし気にしてないと思うんです。自分では細かい所作までチェックされて「えー」と思われている気がしても、他人は意外と自分自身のことで精一杯だったりします。だから、他人の目をそこまで気にしないようにすることですよね。

あと、自分と他人とを比べるのは無意味です。まったく違うものを食べて生きてきたわけですから、一緒なわけないじゃないですか。人より自分のどこが劣っていてどこが優れているかとか言い出すと、キリがないししんどさしかないと思うんですよね。だからもし比べそうになったら、そういう思考は意味がないんやと思って自分が楽しくなることを考えて切り替えてほしいです。

そして、すぐに謝ってしまうということに関しては、あまりに〝すみません〟を連呼していると「この人、なんでも謝れば済むと思ってるんちゃうか？」と誤解されるケースはあるかも。せっかく謝ってんのに「（悪いと）思ってへんやん」と受け取られても困るので、謝る意味やタイミングはしっかり考えてから謝ったほうがいいと思います。

その一方で、何かあったときにすぐに謝ることができるのは、人に対して細やかな気遣いができているということやと思うんです。「あの人は腰が低いなあ」「いつも周りに気を遣ってえらい」と考える人も絶対にいるので。そんな自分をマイナスだとばかり捉えず、好意的に受け取っている人もいるんだと思ってほしい。自分のことを責めすぎず、人に謝ることができるのは長所でもあるんだと考えましょう。できるだけ物事をプラスに解釈して変換する思考を身につけることができたら、気持ちも楽になりますよ。

アカンヒトCOLUMN

しんどい友達

嫌いじゃないんだけど、おしゃべりしていても、なんだかあんまり楽しくない。帰り道、名残惜しさよりも解放感を感じてしまう。そんな、〝しんどい友達〞っていませんか。あるいは、前まではそんな風に感じなかったのに、最近会うのがちょっとしんどい友達。

10代の私は、時間を持て余していました。学校が終わると友人の家や公園に集合。何をするわけでもなくおしゃべり、チャリンコでぶらぶら、ゲームにお菓子でだらだら。暗くなったら「ほなまた明日」。用事ができたなら「今日無理やわ」「ふーん、ほなまた明日」。しかし、友人と一緒にいるだ

けで毎日が楽しくて、「また明日」が当たり前に来ていたのは、10代の頃だけです。

あれだけ毎日べったりだった友達も、それぞれ違う仕事をして、結婚したりしなかったり、離婚したり再婚したり、子どもを持ったり、ペットを飼ったり。

〝ただの学生〟でしかなかった私たちは、今や家庭や社会でそれぞれの呼び名を持ち、生活も環境も立場もそれぞれ全く違うものを背負って生きている。

「付き合ったらええやん」「別れたら？」「今日お金ないねーん」「いくら持ってるん？」と、あんなになんでも言い合えていた仲の私たちも、さすがに大人として「結婚しないの？」「子どもはまだ？」「年収いくら？」なんて会話は自然と避けるようになり、代わりに年齢による共通の体の変化や健康の話題、同級生の現在の行方や昔話が増えてきました。

「何年経っても変わらないね」と、言われる人もいるでしょう。でも、人間は外見も内面もまったく同じまま生きられません。仕事や住む場所が変われば付き合う人も変わり、付き合う人が変われば生活や考えも変わる。食べるものが変われば体型も変わり、体型が変われば着る服だって変わるでしょう。変化の幅は大小あれど、若い

アカンヒトCOLUMN

しんどい友達

頃と今では、〝変化〟していて当然なのです。その変化の流れの中で、たまたまお互いを必要とするタイミングで出会って仲良くなるのが友人ですが、大人になってもずっと一緒というわけにはいかず、空白の期間ができることもしばしば。離れている間にもお互い変化していますから、〝あの頃〟とは違っていて当たり前なのです。それでもいまだに会えば、どれだけ久しぶりでも昨日まで話していたかのように自然に話せる友人もいます。

一方で、一緒にいてしんどくなかった人が、しんどい人になっちゃうこともあるのです。

私には、数年間一度も連絡を取っていない友達がいます。前は同じ女の子を持つ同い年の母として子どもの成長の話で盛り上がれたのに、子どもが成長した今は不倫相手との惚気話と若返り美容の話ばっかりで自分とは方向性が変わっちゃった人、夫婦で海外赴任してから生活や信じるものが変わり、話が合わなくなってしまった人や、単純に私がやらないスポーツや今は興味が持てない習い事に忙しく、会話もその仲間のことばかりで趣味が合わなくなってしまった人、などなど。

決して、もともと無理して付き合っていたわけでも、彼女たちを嫌いになったわけでもありません。だけど、今は盛り上がれるポイントが違うのであまり会話が続かないし、楽しい気持ちが薄れてしまったのです。相手も同じ気持ちだったのか、自然にお互い連絡をしなくなりました。

女性は妊娠・出産によっても大きく変化します。興味や話す内容も子どものことが中心になるので、バリバリ働いて独身を謳歌している友人や、まだ妊娠を考えていない友人との気持ちのズレが生じやすいタイミングかもしれません。

私自身、子どもが欲しくてもできなかった時期は、出産したばかりの友達と赤ちゃんに会うことが精神的にどうしても辛かったので、少し距離を置いて、一緒にいて気持ちが楽な友達とだけ過ごしていました。当時は申し訳ない気持ちでしたが、それで良かったと今は思います。あのまま無理して付き合っていたら私はひどく落ち込み、夫にとっても更に辛い時期になっていたのではないでしょうか。

無理して付き合う関係はお互いにとってもよくないことです。だから、しんどいな、と思うときは、お互いのために離れてもいいのです。それで友情が消えるわけではありません。ただ、〝今じゃない〟というだけ。今は心のタイミングが合わないだけなので

しんどい友達

す。友達だからこそ、〝変化を受け入れて無理して付き合う〟のではなく、〝変化を受け入れた上で今は距離を置く〟のです。
だけど、どこかでまた共通点ができて、会っていない期間なんて関係なく楽しくおしゃべりする日は必ずまた来ます。それが本当の友達なのですから。

暇を持て余していたあの頃と違って、大人になると友人と会う時間は貴重です。「ほなまた明日」なんて軽く言えない今だからこそ、友達との時間をより大切にしたいのです。一緒にいて、自分を向上させてくれる人、心を豊かにしてくれる人、そして、楽な人。できるだけそんな友達と、お互いがしんどくない気楽な時間を過ごしたいものです。

第2章

FILE 016 - FILE 026

子育てしてると遭遇するアカンヒト

アカンヒト
FILE
016

ストイックすぎるママ

子どもが食べるものは体にいいものを選びたい。母なら、そう思うのが当たり前。ジャンクなものはおいしいけど、あまり子どもには食べさせたくない親のほうが多いでしょう。しかし、度が過ぎるストイックさはときに周りが困惑してしまうことも。

添加物NG！　砂糖NG！　ゲームNG！　漫画NG！　化繊NG！　特にアレルギーもないけど、NGがメチャメチャ多いご家庭も

これ原材料に
毒って書いてない？
おいしい!!
おかし

あります。食事は有機野菜と無添加の健康食中心、下着も服も身につけるものは絶対に綿100%、スマホはもちろんゲームなんて絶対持たせないし、漫画やアニメは暴力的になるかもしれないから**『ア○パンマン』すら観せません。**

おやつは、ふかし芋しか勝たん!!　というママ。　もちろん子どものことを考えてのことなので悪いことではないのですが、柔軟性がなさすぎたり、他人にも自分の考えを押し付けてしまうと良くないですね。

お友達の家に数人のママ友と子どもで集まり、ママはお茶を飲んでおしゃべり、子どもたちはおやつを食べてワイワイ。しかし、ストイックすぎるママは、**〝砂糖と牛乳は白い悪魔セミナー〟を勝手に開催**し、「ママ〜これ食べてもいい？」と聞く息子に「ダメー！　絶対に食べちゃダメ――ッ！」と**鬼の形相スライディング**でポテチを没収！

子どもたちは「これは毒なのか？」と怯えるし、他のママが買ってきてくれたおいしそうなクッキーやチョコにも手を伸ばしにくい！　リンゴジュースを入れようとしたら、「ごめん、うちジュースは飲ませないんだ！　水でいいよ！」「一応無添加のものだけどダメ？」と聞いても、**「味を覚えちゃうから水でいい」**とピシャリ。

一番無害そうなお菓子を出そうとすると、「添加物入ってるんじゃない？　**こういうところ、ちゃんと見たほうがいいよ〜**」と、袋を取り上げ、裏を凝視して「いらない」。じゃあせめて、自分の子の飲み物とおやつは持ってきてよー!!

みんながジュースやポテチを食べる中、ひとりだけ水飲んでいる子どもを見るとかわいそうだし、もう小学生だし少しくらい大丈夫じゃないかな？とも思うけど、よそのご家庭の方針だから口出しできずモヤモヤ。赤ちゃんの頃から徹底しているならまだマシ（？）だが、かわいそうなのは**突然ママが健康志向に目覚めるケース**。子どもは少し前まで普通にジュースもチョコもパンケーキも食べてみんなでゲームもしていたのに、急に取り上げられるのは、味を知っている分ほんまにつらい。

自分だけゲームもできないし、おやつも食べられないしで、鬱憤がたまって周りに意地悪をしちゃう子も中にはいます。そんな子どもの姿を見ずに自分はおしゃべりに夢中で、他人の食生活を見下すような発言をしちゃうストイックママよ……。無添加・有機食品はコストもかかり、したくても余裕のない家庭だってあります。普段の食生活はきちんと気を付けているけど、たまに好きなものを食べさせている人に「もうちょっと子どものこと考えたら？」などと言うのは、アカンってー！

（もし遭遇したら）

「よそはよそ、うちはうち」の呪文を唱えよう！

アカンヒト
FILE
017

初対面でやらかしレディ

はじめまして〜
私三億円事件の
犯人なんですけど
あ、歳があわない？
実はコールドスリープ
してたんですよね
今日はいいお天気
ですよね〜

初対面の印象が悪いと、次にその人に会うのが憂鬱になってしまいますよね。別に口調が冷たいとか、態度が悪いわけでもないのに、〝なーんか苦手〟という人も中にはいるものです。そんな人はだいたい、**初対面でそれやられるとちょっと……**、ということをやらかしちゃう人かもしれません。

初対面でサラッとヘビーストーリー公開。初めての相手なのに、「おいおい、さっき初めて会った私にそんな話しちゃってもいいの？」という**重い話をしちゃう人**。ママ同士で話していて、実家が近所だという共通点があってほっとしていたら、「え〜うちの娘も小学生なんですよ！　**あ、私、不倫して旦那にＤＶ受けて離婚して今実家にいるんですけど**、夏休みってほんとにお昼ご飯作るの大変ですよね〜」。

ほーん……んんっ!?　なんてなんて!?　**なんか今、サラッと重いの挟んだよね？**　え？　何？　何！　話が入ってこんのよ！　真ん中に挟んだ情報いる!?　最初と最後だけでも良くない!?　せめて、もう少し仲良くなってからにしてくれよぉ！

初対面でツーステップ目の踏み込み鬼。

「わぁ～素敵な家ですね～！　**いくらですか？**」
「キレイな鼻ですね～！　**整形ですか？**」
「旦那さんと歳離れてるけど、**再婚ですか？**」
「わ～可愛いワンちゃん～！　**子ども産まれたらくださいよ**」

安心してたら急停車、うわ、おぉっと……！　と、つんのめっちゃう系ね！　思わず、**「えっと、初対面ですよね？」**と、確認してしまうわ！　ふたことめが急に土足でズンッ‼の、デリカシーのない強め踏み込みはアカン！

初対面で恋するお花畑爆発乙女。

「あの人カッコ良くないですか？　え、どんな人が好みなんですか？　どんな人と恋したいですかぁ？　**私は～……**」
「今、恋してます？　**私は～……**」

いや聞いてない聞いてない！　**勝手に恋バナ列車発車すなー！**　こっちの答え1個

も聞いてないし！　とにかく自分が恋の話したいだけやん！　初対面でドロドロの恋愛相談してくる人も意味わからん。なんで初対面で〝さっき会ったあんまり知らん人〟と〝まったく知らん人〟の恋の悩み延々聞かされなアカンねーん！　苦行ー！

（もし遭遇したら）

どうやったら二度と会わなくて良くなるかを目から血出るくらい考えよう！

アカンヒト
FILE
018

なんかうちの子すごいのママ

誰だって自分の子はかわいいし、勉強もスポーツもがんばってほしいのは当たり前。我が子は過大評価したいし、成長を自慢したくなるのも母心でしょう。だけど、**我が子自慢**はさりげなくても絶対にバレますし、必ずひんしゅくを買うのでやめましょう。

「まだなの？　えー、うちの子、もうできるようになっちゃった！」

人と比べたらアカンのが子育ての基本。特

うちの子
なんかすごいのよね
なんか…
こう…
すごいのよねえ
すごいよね

に最初の子は、ママも不安がいっぱい、ちょっとした成長の差がすごく気になってしまいます。ほとんどが数カ月待てば解決することばかりだけど、その時期は数日、数週間でも長く感じてしまうもの。

そんなときに、なぜか**「どうしよう、もうできちゃった！」スタンス**で「え～まだ三語文喋らないの？」**「なんでだろう！」**うちの子は急に字を読んだの！」という**〝びっくり装い成長自慢ママ〟**に会うと焦りますが、大丈夫。ときが来ればほとんどの子ができること。そんな自慢意味ないから！　気にせず、我が子の今だけしかない成長をゆっくりたくさん見守ってあげよう！

「あ、いいよ、大丈夫だよ～。うちの子、なぜかすっごい面倒見がいいから～」

同い年の子の集まり。おもちゃの取り合いなどよくあることなので「みんなで仲良く遊んでね～」とママたちが注意すると、なぜか自分の子だけ「うちの子が見てるから大丈夫」と違う立ち位置に持っていくママ。なんで？　みんな取ったり取られたりしてるし、お宅のお嬢ちゃんもいつもやってるよ？　なーんやその、面倒見がいい＝他の子より頭が良くて聞き分けがいいという感じ！

「なんかうちの子すごいの、先生に褒められたの！」

「聞いて〜ちょっと心配！　なんかうちの子って、ピアノも英語も水泳もなんでもできて絵に描いたような優等生なの！」

自分の子だけ特別に思いたいのは仕方ないけど、誰だって先生に褒められることくらいあるから大袈裟に報告するのはやめよ！　あと、なんでもできることはいいことやん？　心配せんでええやん？　でも、あまりに特別扱いすると周りから浮くし、子どもがママの言葉をプレッシャーに感じて、親の顔色ばかり窺って陰で意地悪する子になっちゃう、というのもよく見るよ！

子どもが努力してできたことを評価してあげること、たくさん褒めてあげることはとてもいいことです。でもそれは家でやってー！　そりゃね、こっちだって子どもの褒めるとこなんていーっぱいあるよ？　でもなんかその場で対抗して自分の子を褒めて、張り合うのは違う気がする。だからと言って「すごいね〜。うちなんて」と我が子を落として褒めるのも良くない。

昔の関西の親のノリに、我が子を落として相手を褒めるという「こいつほんまアホですねん！　お宅はよろしいなあ〜！」とか「うちなんかサルみたいな息子！　**お宅はフランス人形やねぇ〜**」というのがありました。さすがにそれは行き過ぎだけど、我が子を褒められても過剰に反応せず、陰でいーっぱい褒めてあげるくらいがちょうどえぇ！かも。

（もし遭遇したら）

そういう人は褒め上手。「うちの子の褒めるところはどこかな〜……」とわざと言って、思いっきり我が子を褒めてもらいましょう。

アカンヒト
FILE
019

いらんものフォー・ユーちゃん

たとえ不用品でも、まだまだ使えるものは捨てづらいですよね。衣類など、お古として誰かにあげれば家の整理にもなるし、エコ。家のスペースが空くので気持ちがいいし、捨てたわけじゃないので罪悪感もない。「これいらんから誰かにあげよう」は、精神的に最高です。

でも、もしかしたら最高なのは自分だけ？ものによっては、不用品を押し付けられてい

これ買った
いらないやつなんだけど
あげる
いらん

るように感じる人も、そのお返しをすることがプレッシャーになっている人もいるかもしれませんよ。

「これ、いらないからあげる〜」

ドヤ顔でよくわからん企業のよくわからんロゴのでかいマグネットとか、見たことないキャラの携帯ストラップとか、迷惑販促グッズをくれる人に笑顔で即答したい。

「あんたがいらんもんは私もいらん」

役立つものや、趣味がドンピシャの人からのものはなんでも嬉しいのですが……悪いけど、本っ当にいらんものをくれる人がいます。

6年先の男子のお古とかもしんどい。

趣味が合って、キレイな状態のお古は本当にありがたいんです。でもごめん。ヒラヒラ好き女子に6歳上のお兄ちゃんの着古した服はいらんのよー。最低でも着れるのは**6年先**。梅干しやないねんからそんなに寝かせられんわ。スペースの無駄！

よくわからない**謎のお茶**も困る。

「これ、誰かにお土産でもらったんだけどあげる」

そんな、いつ誰にもらったどこの国のもんかわからん、奇抜なパッケージの**謎のお茶の横流しは怖いからやめて！**　やんわりと、「せっかくもらったんだから飲めば～」と断っても、「いいのいいの！　私、**それ飲んで調子悪くなっちゃった**から持って帰って」って。**絶対いらんわ！**


マジックで書いた名前入りの履き込んだ子ども靴、使いかけの食品、チャックの調子が悪いバッグ、海外のヤバそうな化粧品、**親戚の手作りグッズ**、一生読まない本、飲み物についている大量のおまけフィギュア、賞味期限ギリギリすぎる飲み物……。

そんなんいらんいらん！　**頼むから持って帰ってくれー！**　「いいのいいの！　気にしないで～」じゃなくて、引きつりながら「え～」って言ってるのは、遠慮とは違う「いらんわー！」ってことなのよ！

さらに納得できないのが、たとえいらんものでも、いつももらってばかりだと、こちらがどんどん〝お世話になっているほう〟になること。旅行に行けば、いらんもののお返しにお土産買わないと気まずい感じ。は!?　なんで不用品の処理代行して、出費しないといけないの？　よく考えたらものすごい損！　気持ちはありがたいけど、あまりにもいらんものばかりくれる人には、こっちも「いらんもんはいらん！」と、ハッキリ言わないとアカン！　贈り物はもらった相手が本当に喜ぶかどうかが一番重要。自分も気を付けつつ、お互いにとってハッピーなお付き合いをしたいですね。

（もし遭遇したら）

次にもらう前に「自分はこだわりが強い」「最近旦那が潔癖気味」「子どもが肌が弱くてよその家の洗剤で洗った服はかぶれる」など、次回断れるような予防線をしっかり張っておきましょう！

アカンヒト
FILE
020

ステルス自慢さん

ママ友のお茶会やランチといえば、おしゃべりがメイン。主婦・母・妻としての共通の話題や愚痴で盛り上がるものです。

「うち、パパが洗濯物干したら、シワ伸ばしてないからシワッシワなんだよね！」

「わかる〜！　うちなんかパパが洗い物してくれるのはいいけど、汚れ落ちてないし、床ビチャビチャで逆に仕事増えてるから！」

このように、みんなで「**わかるわかるわかる！**」

筆頭株主らしくしないといけないってストレスよね……
お宅は何の筆頭株主なの？

と共感しあえる話題は、参加しやすくストレス発散にもなりますね。ただ、こういった会話にも暗黙のルールが存在し、テーマに沿った、だいたい同じくらいのレベルのよくある愚痴をうまく延々と重ねていって盛り上がる、というのが大事なのです。

ある程度、出尽くして話題を変えたいときは、誰かが「でもいいじゃ～ん、うちなんかほぼワンオペだよ～」と人より下げた愚痴を重ね、「まだうちはマシか～」とみんなで満足して次の愚痴へ、という会話テクニックもあります。

そう、〝**秘儀・ママ友の愚痴流し**〟です。しかし、たまにこの愚痴流しを応用し、**愚痴に乗っかると見せかけてエグい自慢をする**という高度なテクニックで場を荒らす猛者ママもいるので要注意。

A「あ～、また週末だよ～。上履き洗って洗濯機回しっぱなしだね～」

B「わかる～！　働いてたら週末に家事まとめてやんなきゃだね～。うち今、洗濯物の山で遭難できそうだよ」

C「いいじゃ〜ん、洗濯できるから〜。うちなんかさ〜私も旦那も子どももも、**変にハイブランドの服だから**毎日クリーニング出さなきゃいけないし大変〜」

そっか〜（笑）。うちはマシなのか……ん？　待って？　え？　今のって愚痴か？　いや、**サラッと金持ち自慢**しなかった？　ちょっとわからんかったから、もう少し様子見よ……。

A「習い事の送迎はいつも私ばっか。英語にダンスにピアノ、もうやだ〜」

B「わかる〜！　うちサッカーと野球やってるから私の土日は遠征で終わる！」

C「え〜いいな〜、**習い事少なくて〜**」

ん？　ん？　今のは何？　自慢か？　ん？　くそ！　わかりにくい！

A「あとさ〜、旦那が電球も替えてくれなくて腹立つんだけど！」

B「わかる〜！　電池とか電球くらい替えてほしいよね！　結局私が交換してる！」

C「え〜いいじゃ〜ん、自分でできるなら〜。うちなんかさ〜**変に家がでかくて天井**

吹き抜けじゃん？　電球1個替えるのにも毎回業者呼んで大変〜」

はい、現行犯！　これは完璧に自慢ですね！　家でかい自慢！　さっきからこっちの愚痴を利用して自分の自慢ぶち込んできてるよね？　なんや、**その合気道みたいなやり口は！**　全体的に愚痴ると見せかけて金持ち自慢してました！　逮捕!!　あと**〝変に〟**ってなんや！　別に変じゃないやろ！　〝変に〟って付けたら1個落としてるみたいに思うなよ！　こういう人と話しても全然共感できへんし、まったくスッキリしないからアカンよー！

（もし遭遇したら）

いっそのこと、次はどの角度からどう自慢をぶち込んでくるのか、楽しんでみましょう！

アカンヒト
FILE
021

いらんのに〜主張の会

人付き合いでは、ときには謙遜したり、遠慮することも大切ですね。でも、行き過ぎた遠慮や謙遜は、相手を困らせてしまうこともあるので匙《さじ》加減が大切です。

例えば、仲のいいご近所さんに、好物だと聞いたお菓子を持って訪ねたとき。

「わ〜これ好きなの！　嬉しい！」と受け取ってもらえたらこちらも買ってきて良かったと嬉しい気持ちになりますが、人によって

あ――
いらないのに
な――
いらないよ〜
ホント！
もらっとくけど
ちら
あ――
いらな
かった〜!!

は、遠慮なのか？　本当に迷惑なのかがわからない、**なんか知らんけど、毎回ものすごく迷惑そうな態度**で、とにかく**「いらないのに」**と主張したがる人がいます。

「好きって言ってたお菓子、たまたま売ってたの。良かったらどうぞ」

そう言って、紙袋を差し出すと、突然大袈裟に眉をひそめ、大迷惑と言わんばかりに手をブンブン振り、**「えー！　何～!?　いらないよ～!!」**。このリアクション、私は好きではありません。


「え～！　**いらないよ～**（袋から逃げる）」

「いやいや～良かったらもらって（さらに差し出す）」

「え～……（嫌そうに受け取って）**ほんとにいらないのに～！**」

「いやいや、うちもいつもいただいてるし（どうぞどうぞの手）」

「もう～！　いいのに～**いらないのにな～**（袋の中をのぞきこみ）もう～わかった、**じゃあいただく～**」

「はは……（なんか悪いことした感じ）」

毎回、このやりとりを交わすのが正直しんどい！　受け取らないならまだしも、毎回、絶対に受け取ってくれるねんから、最初から素直に「ありがとね」で良くない!?　無理にもらってもらった、みたいな構図になってるのはなんでや！

相手なりの「そんなに気を遣わないでよ～」という心遣いなのかもしれませんが、普段から子どものものやお土産などをやり取りする、〝お互い様〟の関係なのに、あまりにも毎回これを言われたら、なんだか寂しい気持ちになってしまいます。無遠慮なのも困りますが、遠慮はやりすぎたらアカンかも？

（もし遭遇したら）

「いらないよ～」と言われたら「そっか～」とまじで引き揚げてみましょう。

アカンヒト
FILE
022

紙袋のチョイス間違えちゃウーマン

誰かに借りたものを返すときや、お裾分けを渡すときに重宝する紙袋。ブランドものやしっかりした素材のものは、ついつい取っておいてしまいますよね。でも、外見と中身が違いすぎるのは誤解を招くのでアカン!?

以前、ハワイ旅行帰りのママ友とランチしたときに、**「これお土産」と、ディオー○の紙袋**（しかもギフト用リボン付き）を渡されたので、思わず**「えっ!?」**と反応すると、

「あ、中身は違うよ（笑）」とのこと。

開けてみると、違うメーカーのボディクリームとリップ。いや、これはこれでめっちゃ嬉しいのに！　一瞬変な汗かいたわ！と文句を言いつつ、私がお土産で渡したのは、**シャ○ルの紙袋。**「え!?」とママ友が開けると中身は**スダチ10個。**「お互い様だね（笑）」と、しっかり喜んでもらえました。

こういうやりとりをわざと楽しめる間柄なら全然いいのですが、そこまで親しくない人には要注意。**高級チョコレートの紙袋にスーパーのチョコ**を入れたり、**デパ地下の行列スイーツの紙袋に家の炊飯器で蒸したホットケーキ粉を使ったヨモギケーキ**とか……変に**中身をリンク**させてくるのはやめてー！　しかも誕生日付近に渡すとか、アカンでー！　そんなん、ひっかけ問題や！　おかげで、たまに本当にブランドのリップとかいただいても、妙にリアクション薄い変なやつになってしまったやないか!!

あと、紙袋といえば、貸したものを信じられないくらい**きたねー紙袋**に入れて返却してくるのもやめてー！　袋の中にホコリ溜まってるとか、豚まんでおなじみ大阪名物『551〇莱』の紙袋になんかようわからんシミがついてるやつとか、ほんまに家中探して紙袋それしかなかったの?というやつ!　みかんやリンゴを**靴屋さんの袋**に入れるのもなんかやめてー。

借りたものを返すときは、キレイな紙袋に入れて、かわいいひと言メモを添えるとか、お裾分けのタッパーやお皿を返すときにはちょっとしたお菓子を入れるとか、大袈裟なことじゃなくてもいいので、感謝の気持ちとともに返せたらいいですね。

（もし遭遇したら、）

「自分が渡すときは気を付けよう」と思えばまあ、いっか!

アカンヒト
FILE
023

いらん心配ノンストップさん

誰かに気にしてもらったり、心配してもらえるのは幸せなことです。だけど、身内でもない人に会うたびに過度な心配や余計な心配、変な心配をされすぎると、うざく感じてしまうこともあり、付き合っていくのがしんどいのです。

「顔、疲れてるよ~。大丈夫?」
「最近、顔色悪いけど大丈夫?」

こういう言葉は、言い方や受け取る人によ

あんた顔色悪いよ
ねてる?
自分ドラキュラなんで

っては〝顔が変〟〝メイクが下手〟〝夜遊びしてるんじゃないの？〟などマイナスな指摘や非難に聞こえてしまうので要注意！　本人が「体調が良い」「大丈夫」と言ってるのに、しつこく「え〜！　でも絶対顔疲れてるよ〜！」と食い下がったり、毎回会うたび言うのはアカン！


「夜、洗濯物出しっぱなしだったけど大丈夫？」

「駅に自転車停めっぱなしだったけど大丈夫？」


プライベートなことも、しょっちゅう言われると監視されているようで嫌な気持ちになったり、**「ストーカーか！」**とツッコミたくなる！


「今日暑いのに……○○ちゃんその服装で、大丈夫？」

「帽子のゴム、キツくない？　首しまらないかな？」

「靴のサイズ大きくない？」

「○○ちゃん、鼻水出てる！　風邪じゃない？　寝るときエアコンかけすぎてない？」

「〇〇ちゃん、お箸の持ち方変だけど、大丈夫？」

「そろそろふたり目作ったほうがいいんじゃない？」

ひぃーー！　うるっさーー!!　これはもう心配じゃなくて、いらんお節介そのもの！

こんなふうによその子どもの心配が止まらない人もいます。あーハイハイ、虫刺され予防の薄い長袖羽織らせてるだけで暑かったら脱がせるし、風が強いから帽子のゴムは締めてるけどもちろん見てるし、ジャストサイズの靴は痛がるから少し大きめなだけ、鼻水は心配するほどじゃない、エアコンはなるべくかけず毎日温度調整してる、お箸は最近練習しだしたばっかり、ふたり目もこっちは言われんでも考えとるから大丈夫っす！　いちいち説明しんどいわーー！　もう放っておいてくれーー!!

「こんなこと言ってくれる人、私以外いないでしょ？」

「あなたのために言うんだよ」

これさえ言えばどんなに〝いらんお節介アドバイス〟も言ってOKと思ってる人。だって相手のためにいいことを言ってあげてるんだから！と、使命のようにいらんことを言ってきたりします。

「そろそろ結婚しなくて大丈夫？　絶対に結婚したほうがいいって！」

「そろそろ子作りしなくて大丈夫？　子どもってかわいいよ！」

さらにこんなことまで平気で言ってくるやつは、今後の付き合いでもいつかまた何か嫌な気持ちになることを言ってくること間違いなし！　付き合い方を考えたほうがいいでしょう。

人のいらん心配する前に、自分のこと心配しとけ！

（もし遭遇したら）

「そんなに人の心配ばっかりしてて
あなたは大丈夫？　すっごく心配！」と
思いっきり心配してあげましょう。

アカンヒト
FILE
024

ベタベタくっつきガムガール

話しているとあっという間に時間が過ぎて楽しい、そんなお友達とは、できるだけ頻繁に会って長く一緒にいたいものです。ただ、大人になるとそれぞれの事情がありますから、誰もが友人との時間を優先できるわけではありません。お互いが相手を思いやることが大切ですね。ましてや付き合いも浅く、そこまで親しくないのに、強めのお誘い、過度なベタベタ、変な嫉妬はしたらアカン！

「フォローして〜」

あんまり話したことのないママ友や、久々に再会した仕事上の知り合い、上司から言われると困る言葉！　ＳＮＳのフォローも〝いいね〟も別に嫌ではないねんけど、**「○○で検索してみて」**と、その場でフォローさせられるのは嫌やー！　そういう人に限って、よく言うのがこれ。

「〝いいね〟と〝コメント〟よろしく！」

それ、強要やーん！　「見たら〝いいね〟しないと」って思ってＳＮＳ開くのはしんどい！　しかも、こっちもフォローされると、完全プライベートの仲良しさんに向けたアホな投稿しづらいのよー！

「○○ちゃんのインスタには、よく〝いいね〟してるよね〜」

女友達やママ友同士でよくある嫉妬。そうやけど何か？　いつも素敵な写真載せてるから本当に〝いいね〟と思って押してるねん！　誰かさんみたいにブランド自慢とお金の貯まる怪しい風水アイテム写真ばっかりだと押しにくいのよー。いちいち他人の〝いいね〟を誰が押してるのかチェックしてわざわざ言ってくるのは怖いよー！

「ねー、いつ会える？」「今週はダメ？　じゃあ、いつならいい？」

あまり気乗りしない相手に、めっちゃグイグイ誘われると困る！　「落ち着いたらこちらからまた連絡するね」と言っている相手のことは深追いしたらアカンー！

「お風呂入ったよ～」

知らん～‼　返信は何が正解なん？　「サッパリして良かったねー」って返せばいいの？　つーか私、彼氏ちゃうで！

「一緒に行こ～」「次の会議、近くに座ろ～」「そのランチ会、私も行ってもいい？」

30歳越えた大人やねんからひとりで行動できるやろー！　手を繋いだり腕を組んだりして歩くのも困るし、肩に頭乗せて「疲れたー」とかやめて！　だから、私は彼氏ちゃうっつーの！

「既読無視？」「もしかして私、嫌われてる（笑）？」

めんどくさ――!!　大人にとって、友達は貴重です。長く付き合いたい相手なら尚更、自分の気持ちや都合ばかりではなく、相手の事情や気持ちを優先しましょう。

（もし遭遇したら）

遠くを指差し「あれUFOじゃない？」と、自分より興味をもちそうなものにバトンタッチして離れよう。

アカンヒト
FILE
025

私が神なのだ人間

いいものは人にも勧めたい！　気持ちはわかります。でも、〝自分が選んだものやお店が何より最高！　この世で一番！〟すぎて、同じものを使わない人には「バカじゃないの？」とでも言いたげな勢いで攻撃したり、他人の選択を否定。押し付けが強すぎるのはアカン。絶対的な自信があるのでしょうが、人にはそれぞれの事情やこだわり、体質があるので放っておいてほしいこともあるのです。

「ねー、ねー、美容院どこ行ってる？　変えたら？　1回、私の行ってる美容院行ってみて？　髪キレイになるから！」

ちょっと待ってー！　親切のつもりか知らんけど、それって間接的に**「髪型、似合ってないし、髪の毛汚いよ。わたしみたいに、キレイになりたいでしょ？」**って言ってるみたいで失礼やで！　しかも場所も遠いし、めっちゃお高い美容院。そりゃー、いいでしょうよ！　高いシャンプーやエステのゴリ押しもいらんから！　そりゃー、そんだけお金かけたらいいでしょうよー！　でも、家庭によって美容代にかけられる金額は違うし、実家が遠くて子どもを預けられないから美容院は近所でサッと済ませたい人もいる。美容師さんと友達とか、関係性で通っている人だっているんだから、「いいところない？」って聞かれるまでは黙っとこ！

「え〜！　○○歯科行ってるの？　あそこはダメだよ、絶対に○○歯科がいいよ」「小児科はうちが行ってるところが一番いいから！　電話番号教えるね！」

はい、出ました。地域の病院斡旋所。これも一見親切だけど、話を聞けばキレイなだけであんまり評判の良くない病院だったり、一番の理由が〝自分が通っているから〟だけの人もいるので要注意！　病院は大事なので信用できる口コミ＋自分でも集めたしっかりした情報で自分に合うところを探しましょう。

「醤油はこれだって！　もう他のはまずくて使えないよ」

「えっ！　この化粧品使ったことないの!?　1回騙されたと思って使って！」

「唐揚げ作るなら私のレシピでこの鍋！　絶対おいしいからやって！」

このようにとにかく断りづらい強い圧で勧めてしまう絶対自分が神人間。〝どう!?〟

&〝でしょ!?〟が口癖です。正直、中には、「うーん、そうでもないけどな」と言いたいものもあるけど、あまりの自信と圧に言えません。みんな気を遣って「へ〜、すごいねー」「あ、なんか（わからんけど）**違う気がする〜**」とか言ってしまい、「でしょでしょ！ね！　やっぱり！」とさらに調子に乗せてしまい、ますます神になっていくのです。

神は誰も崇めなくなったときに、やっと凡人に戻るのかも……。ハッキリ言うのもときには必要！

（もし遭遇したら）

「私は髪は手でちぎる派で、化粧品も醤油もほぼ使わないんだ。それが一番いいよ」と、謎のディープなこだわりを見せることで、相手を上回って沈黙させましょう。

アカンヒト
FILE
026

普通教信者

子どもを叱るときに、誰かと比べるのは御法度です。大人だって、何かと比べてダメ出しされるのは嫌なものですよね。それは理解しているのに、私たちは無意識に比べてしまっているものがあるのです。それは、〝普通〟という名の、なんかよくわからんやつ。ついつい、日常会話で使ってしまいがちな言葉です。

「普通、こっち向きに入れるでしょ!」

「普通に考えてダメだよね?」

ニュアンスとしては、〝一般的に〟とか、〝常識的に〟考えてというのをまとめて〝普通〟に詰め込んでいるような感じでしょうか。そんな誰もが言いがちな〝普通〟ですが、使い過ぎに要注意。〝普通教の信者〟は無意識に誰かを傷付けてしまっていることもあるのです。

例えば、「どう?」と問いかけたときの、感想として使われる場合。

「あの本? **普通に**良かった」

「**普通に**かわいい」

「**普通に**おいしい」

感想につけられると、**「ん? 普通ってなんじゃや?」**と引っかかりませんか? なんか〝ほんとはあんまり良くない〟ことを〝普通〟と付け足すことで、少しマシに言おうとしているように聞こえてしまうのよ。別に普通って付けなくても良くない!?

褒めてるみたいな顔で言ってるけど、全然褒められてないから！　ほんま**普通に腹立つんですけど**（あっ）！　アカン！

〝普通教〟の人が多用するのが、誰かを叱るとき。すごーく嫌な聞こえ方をするときがあります。

「**普通だったら**、そんなミスしない」

「**普通に無理**」

「**普通に考えて**あり得ないでしょ」

「**普通の人間なら**、こんな日に遅刻しないけどね」

そう言われた人は、どんな気持ちになるでしょう。ミスの反省以外に「自分は普通じゃないのか？」ということに落ち込んでしまうかも。子どもなら尚更です。そうなると、最終的に強く心に残るのは、こちらが改めて欲しくて注意したことよりも普通と比べられて自分が傷付いてしまったことだけ、ということにもなりかねません。それはお互いにとってもいい結果ではありませんね。

そもそも、この〝普通〟は、一体誰の基準!? 感想や叱る言葉は、ようわからん普通と比べるよりも、**自分自身が感じた意見**をしっかり相手に伝えるほうが絶対心に響くはず!

（もし遭遇したら）

「〝普通〟って、つい使いがちだけど気を付けないと失礼だね」と自戒の感じで気付かせよう!

子どもがいない友人と会うとき変に気を遣ってしまう。どうしたらいい？

女の人って、人生のステージによって人との付き合い方が変わってくる部分があると思うんです。例えば子どもがいるといないとでは遊び方や遊べる時間帯も変わってくるし、話が合わない部分も出てきたりする。お互い気を遣い合って変な感じになるのも嫌ですもんね。

私も子どもが欲しいけどなかなかできなかった時期に、赤ちゃんのいる家庭に遊びに行くのが辛かったという経験があるんです。呼ばれたら行くけど帰りに落ち込むとか、よくありましたからね。でもそういう複雑な気持ちって、こちらからは口に出せなかったりするんですよ

ね。だからもし事前に友人が不妊で悩んでいるということを知っていたなら、彼女と会うときは子どもを預けるという気遣いをするとか。相手の事情みたいなものを知っている範囲で考えてみて、自分がしてほしいことをする。そういう思いやりが大事なんやと思います。

子どもについての思いやりで言ったら、ふたり目がほしいと悩んでいる人、すごく多いですよね。でもこっちがすんなり授かったりしてると、その悩みに気付かなかったりもする。経産婦の人でも、ひとりできてたらふたり目もできるのが当然と思ってる人のほうが多いですもんね。だからそういうのも想像力ですよね。〝ふたり目不妊〟ってことがあるんやなってことを頭に入れといて、軽々しく話題にしないという配慮も必要ですよね。

冒頭の話に戻りますが、大事な友人と自分のライフスタイルがかけ離れてしまったからといって、今までの友情がなくなるというわけではない。人生のステージはずっと動いてるので、離れるときは離れて、また合うようになったら仲良くすればいい。お互いさっぱりと「今はバイバイ、またいつかね」でいいんじゃないかな。

街中でいきなり「母乳？」って聞いてくる知らない人、口うるさい先生……どう対応したらいい？

これね〜。私もエレベーターの中でいきなり「母乳？」て聞かれたことあるな。急に何!?ってなりますよね。他にも人おるし、ほんまやめてくれってなりました。私がお世話になった産院はめちゃめちゃ母乳信仰のところやったんで、産後は「乳首が硬いんだよ！」と怒られながら母乳出るまで乳首引っぱられたりして地獄の毎日でした。おかげさまで母乳は出ましたが、だからといって他人が母乳かどうかなんて気にならないし、自分も知らん人にこんなん聞かれる筋合いないですからね。

こういう〝アカンヒト〟に遭遇したと

き、スルーするか戦うか難しいところです。幼稚園の先生で、お弁当にやたら口を出してくる人がいましたね。いろんなママが「緑の野菜が足りん」とか「冷凍食品はやめましょう」とか注意されて、もうほっといてくれよ〜って。そんなときは「家で食べさせてますー！」とか笑いながら言い返してました。彼女らは子育てのプロではあるけど「言ってることがすべて正しいわけではない」と真正面から受け止めないようにしないと。

でも実害がある場合は真剣に戦わなアカン。口下手だったり言いにくいときは、手紙を書くのもおすすめです。私も昔、クラスメイトが倒した牛乳で娘の教科書がビチョビチョになったとき、先生が時間がないからとそのままランドセルに入れて、ランドセルの中や他のものまで牛乳まみれにして帰ってきたことがあったんです。しかも教科書は交換できないからそのまま使うように言われたとのことだったので、担任の先生と校長先生宛に「せめてビニール袋に入れて欲しかったです。教科書は波打っていて剥がれません」と便箋3枚くらいに手紙を書いたら、校長先生が教科書を新品に換えてくれました。なんでも我慢じゃなく、ちゃんと伝えることも大事です。

公共の場で子連れの人を迷惑がる相手に対して、どういう振る舞いをするべき？

私、両方の立場で嫌な目にあったことがあるんですよ。電車の中で子ども連れのベビーカー担いでる人にゴリゴリに車輪をつけられて、ブラウスにくっきり黒い跡がついたことがあって。そのときは「子育て大変やもんな」と思って何も言わなかったのですが、きっとこういうのが社会の「子連れ、チッ」ていうのに繋がるんだなと。世の中には電車の座席に靴のまま上らせて注意しない親もいますもんね。だから私は、絶対気を付けようと思ってます。気を付け過ぎてるくらいがちょうどいいと思ってる派なんです。

でも世の中には「子育てしててんねんか

らしゃーないやんけ！」っていう開き直りタイプ、結構いますよね。子どもが新幹線の中で騒いでんのにのんびり写真撮ってる親とか「マジで？」と思いますもん。こんなん見かけたら自分に子どもいてもイライラするのに、いなかったらどう感じるんやろって。

乗り物の中とかで子どもが泣いた場合、ちょっと連結部分に移動するだけで周囲は「努力してんねんな」って思うし、騒ぐ子どもに「静かにして」って注意するだけで「がんばってるなぁ」って見守るもんです。その一方で子どもがしでかした場合に親がやれる努力をしていないと周囲のひんしゅくを買うことになるんでしょうね。お互い気分良くいるには〝指導してます〟ってアピールが大事なんやと思います。

でも、こっちに明らかに非がないのに子連れというだけで攻撃されることも確かにあって、これはもうしゃあない。相手に絡まれて言い返せなくてあとでモヤモヤすることもありますが、そういう人とヘタにモメたら子どもに危害が及ぶ可能性もあるわけで。そういうときは、腹は立つけど、危険を避けることができてラッキーやったくらいに捉えたほうがいいですよ。

アカンヒトCOLUMN

ママ友は必要？

〝ママ友〟は、「付き合い大変そう」とか「陰湿？」……なんて思う人も多いのでは。私自身、ドラマの影響もあって「ママ友なんか作ったら派閥闘争でボスママにいじめられて親子で無視される。怖〜！」と思っていました。

ママ友は〝友〟と付きながらも、〝友達〟とは違うもの。学生時代の友達は、だいたいクラスや部活の仲間。少しずつ性格や好みや家庭環境を知り、似た者同士で刺激し合いながら成長し、たとえケンカをしてもびくともしない強い絆で結ばれた大切な存在、それが本当の友達です。

一方、ママ友は、友情で結ばれた関係ではなく、ただの、〝たまたま同じ歳くらいの子どもがいるいろんな人の集まり〟です。子育てをしていると属さなければいけない園や児童館、習い事などのコミュニティの中で始まる親子ぐるみの付き合いで、〝子どものため〟〝子育てを円滑にするため〟と割り切っている人も多く、共通点は〝子どもがいる〟〝近所住み〟くらい。育ってきた地域も家庭環境も見事にバラバラ。

しかも、それぞれがすでに〝まあまあ成長しきった人間〟で、ある程度の社会経験や人間関係を経て譲れないこだわりや思想を持った状態なので、合わない人とはとことん合いません。

親子の相性が良ければ、お茶やランチ、家遊びをする〝仲良しママ友〟に発展します。しかし、ここで油断はできません。普段は冷静でも、子どものことになると客観的になれないママも多く、子ども同士がモメて、親が間に入ってさらにモメることもよくあります。そうなるとだいたい関係は終わりです。どちらが悪くても長く遺恨を残します。ママ友が、土手で殴り合ったあとに寝転んで「やるじゃん!」「お前こそ!」と握手を交わして大親友に……なんてことはなかなかありません。

子ども同士が違う主張をした場合、母と

しては自分の子どもを信じたいのですが、親はなるべく介入せず、子ども達で解決できないときは冷静に対処しましょう。子どもの仲が悪くなれば、疎遠になるのがママ友です。友達なら、一度や二度のケンカも乗り越えるでしょう。しかし、ママ友というのは〝友〟と言いつつ、とても脆い関係なのです。友達ではないのに、友達のように付き合う不思議な関係。ママ友同士のトラブルが多い原因はここにあるのではないでしょうか。

では、ママ友は必要ないのか……。これだけマイナスを並べた私が、あえてここで叫びたい。

「私はママ友がいてめっちゃ良かった!!」

本気で思います。なぜか。まず、精神的に断然子育てが楽になります。

子育ては自分との戦い。なんでうまくできないんだろう？　なんでこんなことで怒っちゃったんだろう？　私が母親でいいのかな？と自問自答が止まらず、自分の器の小ささに落ち込むことも。そんなとき、ひとりで悩むのではなく〝同じ苦労を経験している人〟と共感しあうだけで、すごく楽になるのです。共通点は確かに少ない。けれど、〝子育て中〟という一点は地球に匹敵するくらい大きいのです。なんでも気兼ねなく相談できて「みんな一緒なんだ」と心が救われる存在がいることが、子育てにはとても大切です。

それだけではありません。私がふたりの娘を通して何十人ものママ友と地域や園や学校の集まりでお茶やランチを共にしてきた中で、残念ながら合わなかった人もいましたし、それなりにトラブルもしんどいこともありました。だけど、数人のママ友とは、今でも子ども抜きで十分楽しい時間を過ごせる、本当のお友達になれました。

関西生まれの私の東京での子育て。実家が遠く、誰にも頼れない私を支えてくれたのはママ友です。夫が遅い日には、一緒に夕飯を作り家飲みをして、子育ての悩みを語り合い、一緒に乗り越えてきました。上の子がいるママ友は、小児科や習い事の情報、お下がりをくれて、受験や思春期の対応など、やがて来る少し先の子育て事情を教えてくれました。お店番をしているママ友は、通学路を見守って安心して学校や塾に通わせてくれました。

放送作家という不規則な時間に会議や打ち合わせがある仕事は今は無理と諦めていた頃、「もったいないよ、うちでご飯食べさせとくから仕事してきなよ～」と子どもたちを預かってくれたママ友もいました。お料理の得意なママ友は、「どうせご飯まだでしょ。これ食べて」と、美味しい料理を届けてくれました……。

思っていたよりも早く仕事を再開することができ、今の私があるのは、そんなママ友たちのおかげです。15年間、楽しく子育てができたのはママ友たちがいたから。だから、心から言えるのです。私は、ママ友がいて良かったと。

ママ友がいなくても子育てはできるでしょう。だけど、ママ友がいたらきっと子育ては何倍も楽しくなります。

人とたくさん付き合うと、ときには〝アカンヒト〟にも出会います。だけど、ずっと友人でいられるような人に出会うこともあるのです。大人になると友達ができない、なんてことはない。習い事でも、会社でも、どんなコミュニティでも、諦めないで探したら気の合う人はどこかにいる。数打ちゃ当たるの精神で、怖がらずにたくさんのチャンスを作って、人生がさらに楽しくなるような友達を見つけてください。

第3章

FILE 027 - FILE 036

職場に生息するアカンヒト

アカンヒト
FILE
027

自己紹介謎めきすぎサン

クリエイティブストラテジスト

SNSの自己紹介欄といえば、だいたい仕事や好きなもの、飼っているペットのことなどを書いている人が多く、同業者や同じ趣味同士の人が繋がるときに参考になっていいですよね。

ただ、たまに自己紹介文をどんなに読んでもなんの仕事で、何をして生きている人なのかわからない、自己紹介が謎めきすぎている人がいます。

「職業＝冒険者　時々、舞台人。時々、デザイナー。只今人生デザイン真っ最中」

なんやそれ。**結局何してる人？**　よく見たら学生だったりする。〝舞台人〟って言いたいだけか……。

「職業＝語り部」

何をやねん！

「職業＝元クリエイティブ・ストラテジスト」

ん？　ん？　なんて？　意味わからん上に**〝元〟!?　今はー？**　ハイパー何とかクリエ○ターみたいなもん？　それもよくわからんねんけど！

「出身＝地球のどこか　生息地‥あなたの心」

うんうん、うるせー。ミステリアスで特別でいたいのでしょうか。それとも、**イキりが過ぎてわけわからんことになっているだけ**でしょうか。謎めいたプロフィールで自分に酔っているだけならまだいいのですが、たまによくわからんカタカナ職業で人を騙してお金を稼ごうとしている人もいるので困ったものです。

肩書きがようわからん人ほど、中身は空っぽということもあるので、その人の内面をしっかり見ること。いつでも自分をちゃんと紹介できるように、自分は何者なのか言えるようにしておきましょう。そして、よくわからん人の「1億稼ぐ方法教えます」とか、よくわからん甘言に惑わされたらアカン！

（もし遭遇したら）

すごい人風なことばっかり言ってる人ほど疑ってかかれ！

アカンヒト
FILE
028

怒ってるとこ見せちゃウーマン

部下や後輩を育てるのも上に立つ者の役目です。ミスはその場で訂正し、自身の仕事を見せながら実践させると効率的。しかし、指導に熱が入りすぎるあまり、厳しい口調や表情を、その場にいるお客さんや仕事相手に見せすぎてしまう人も……。

よく目にするのが、**新入り美容師を瞬殺説教する美容師さん**です。今の今まで、私と鏡越しにニコニコかわいくしゃべってたよね!?

と、びっくりするくらい、突然めっちゃ怖い顔で新入り美容師に**耳打ちして説教**する先輩美容師さんと、「はい！　すみません！」と青ざめる後輩。**一体何を言われたんや……**。また瞬時にこっちにニコニコってされても、気まずいのよー！

これも多い。**歯科助手に厳しすぎる歯医者さん**。歯の治療中、助手の下手なバキュームにイラっときたのか、「だーかーらー！　違うって!!　こ・こ！」と、バキュームの位置を無理やり変えてみっちり教え込みます。いや、わかるけど……。**そこ私の口の中なのよー**。

「ここ！　ここだよ、わかる？　ここ！」

グイグイグイグイやられると痛いってー。頼むからやめてくれよー！

レジでモタつく後輩の仕事を引ったくって奪って、鼻声で「お客様、大変申し訳ございませ～ん」と、わざと後輩に聞こえるように言うアパレル店員さんに、研修中バイトの一挙手一投足を厳しく注意しながら店内をうろつく店長さん。いくらあなたたちがお客さんには笑顔で完璧なサービスをしていても、裏表を全部お客さんに見せてしまってる時点でプロじゃないから！　**お店の雰囲気を一番悪くしてるあなたが一番アカンで！**　それを目の前で見せられてるこちらは、跳弾《ちょうだん》に当たってダメージ食らってるようなもんやねん！　そういうお説教はお客さんに見えない裏でやらなアカン！

ただ……、下に厳しい人たちは、自分に厳しい人も多いのか、腕は抜群にいい人が多いのよねー！

（もし遭遇したら）

「新人教育も大変ですね～。お客さんの前で怒りすぎたらお客さん来なくなっちゃうもんね～！」と労ってるフリして、後半目ん玉ひん剥きながら釘を刺しましょう。

アカンヒト
FILE
029

遅れてきたちゃぶ台上司

自分が出した案がきっかけで、会議が盛り上がり、より良いものにしようとみんなで「ああでもない」「こうでもない」と白熱した議論の結果、「よし、これで行こう！」と、意見がまとまったときは気分が高揚しますよね。実現に向かって走り出す一体感は特別で、次の議論も盛り上がってサクサク会議が進むことも。しかし、会議に1時間ほど遅れてやってきた、そこまでの過程をなーんも知らん上司の**「ん？　よくわからん」**とい

わるい
遅れた
ひっくり返す用の
ちゃぶ台
持参してる!!

う、たったひとことですべてがひっくり返されてしまったことはありませんか？

これが会議で最も恐れられている**〝遅れてきて壮大なちゃぶ台返しをかます上司〟**です。こちらの説明をろくに聞こうともせず、「いや、見えない。次」と、急に自分がその場を仕切り出す憎いやつ！　そりゃ、私たちのように段階を踏んでないので、何がどういいのか、今後の展望がどれだけあるのかがまったく見えへんに決まってるんじゃーー！

しかし、そういう上司に限って、みんな強く言えないのが現実。そういうときの会議出席者たちのうつむき気味の薄暗いフリーズ顔は、**〝無力〟と言うタイトルで絵画**にして美術館に飾れば、人々の大きな感動を呼びそうなくらい、大きな哀しみに満ちています。

そして、さらに悲しいのが、こういうタイミングでたまに出てくる**〝自分もそれ思ってました人間〟**。まるで恵方巻の如く、上司にうまく巻かれる態でのたまいます。**「ですよねー。それ、僕も思ってました」**って、嘘つけ！　**じゃあ、なんでさっき言**

わへんねん!!　さっきは一緒に盛り上がってたくせに（涙）！

同じようなことは、会議で脱線したときの雑談でも起こります。自分の話がいい感じに盛り上がり、話のオチもうまく決まって全員で爆笑していたその瞬間、遅れてきた上司が会議室に入室。笑っているみんなを見てひとこと、**「えっ？　なに？　何？　なんの話？」**。出たー！　**〝遅れてきて話巻き戻し上司〟**です。いやいや、**え!?　初めから聞く気なん!?**　ひとりのためだけに、もう1回同じ話をするのは辛すぎるわ！　わからんときはとりあえずヘラヘラしとけや！　あとで個人的に聞けや！　そんな簡単に**時間は戻らんのや!!**　しかも結果は見えてるねん！　仕方ないからシラケた中、ひきつりながら最初から同じ話をしても、さっきとは温度感が違うからこっちも同じように面白く話されへんし、せっかくしたのに**「へー……」**という**激薄**の反応だけが返ってくんのよ！　やめやめ！　**「え？　それで笑ってたの？　それの何が面白いの？」**って顔！　さっきは死ぬほどウケたんや！　そうだよね!?　ね!?　と、仲間の顔を見ても、さっきまでお腹を抱えて爆笑してたはずの仲間たちまで微妙な苦笑い。

そりゃそうか、2回目やもんな。やめて！

「あれ？　さっきまでなんであんなに笑ってたんだろう？」って顔は！　せめてさっきの手柄は取り上げないでー！　止むを得ず遅れて行ったときは周りの空気をよく読んで、自分のいなかった時間を考慮して慎重に発言せなアカン！

（もし遭遇したら）

ひっくり返されたちゃぶ台をもう1回ひっくり返せるくらい仲間と団結しておこう！

アカンヒト
FILE
030

謎の持病使いリーマン

体調管理をしていても、急な体調不良で仕事を飛ばしてしまうことは、誰にでも起こり得ることです。周りに迷惑をかけてしまいますが、こればっかりは仕方がありません。持病、急病、感染症の場合は無理をすることで更なる迷惑をかけることにもなりかねないので、万全になるまでゆっくり休むべきです。

しかし、世の中にはいろんな病気があるものので……なぜか自分の好きなタイミングで出したり引っ込めたりできる**謎の持病**を持つ人

持病の時空痛が…
イタタタ
※時空痛
時空がゆがむと痛む

もいるようです。

面倒な割にメリットの少ない仕事や、早朝集合の仕事、出世に直接関係ない仕事のときには持病が出てしまって行けないけど、その逆の〝おいしい仕事〟のときやレジャーのときには絶っ対に出ない持病。

ゴルフのときは大丈夫なのに、なぜか仕事の日は起きられなくなって遅刻させられてしまう持病に、奢ってもらえる飲み会では出ないけど会費がかかる飲み会だと知った途端に出てしまう持病。

ママの世界にも、パートや長時間のおしゃべりランチはバリバリできるけど、学校や地区会の役員の仕事は絶対にできない持病や、ドタキャンしたくなったらいつでも風邪をひけちゃう人はいます。なんや！　この自由自在に持病を出したり引っ込めたりできる〝持病使い〟は！　自分の予定に合わせてちょうどよく痛んだり治ったりする、その体はどうなってるんや！

本当に病気の人は仕方ないけど、ただの〝めんどくさい〟〝やりたくない〟〝もっと寝たい〟は病気じゃないぞ！　こういう人に限って、嫌味も含めて精密検査を勧めても、「そこまでじゃないから」とか言って行かへんのよ。そこまでじゃないんやったら、他人に迷惑かけんなよ！　病気って聞くと何も言えないのを知ってて多用するのは卑怯やぞ！　嫌な仕事はみんなある。でも逃げたら迷惑かかるしアカン！

（もし遭遇したら）

遊びでもおいしい仕事でも「持病があるから無理だよね」と先回りして外して労ってあげたら治るかも？

アカンヒト FILE 031

いらんこと言っちゃウーマン

場の空気を読むのは難しいことですが、なぜか言わなくていいことをついつい言っちゃう人、今しなくてもいい話をしちゃう人っていますよね。

例えば、あるお店で焼いているクッキーがおいしかったので、家族で食べようと買って帰ったら、そのお店は旦那が昔バイトしていたお店らしく、クッキーのレシピを覚えてて今度作ってくれることになり、旦那の意外な

一面を知ってびっくりした！という話をしようとしても、そういう人と話していると、話の最後までたどり着けないこともあります。例えばこんなふうに。

「この前、○○ってお店行ってきたんだけど……」と話し始めると、「あ～知ってる！　**高いだけで大したことない店ね！**」とバッサリ。そのあと、「で？」と言われても喋りにくいわ！　「まぁ少し高いかも。で、そのお店で焼いてるクッキーがおいしくてね」と続けようとするも、「私も食べたよ。味は覚えてないな～、**ていうか私クッキー嫌いなんだよね。**そういえば昨日さ～」と自分の意見で終わらせちゃって、結局こちらの話は立ち消えてモヤモヤ。

このように平気で他人が〝好き〟なものを即否定したり、「**歳のわりに**お肌キレイですよね～」とか「**仕事できないけど**気は利くね」とか、褒めるときも余計なひとことをつけて場を凍らせてしまうのがとにかく得意ないらんこと言っちゃウーマン。こういう人は、たとえそれを指摘されても「あ、なんかごめん、私嘘つけないから」と、なぜか

〝ズバッと言える私かっこいい風〟にフフン！

「別にそれぞれの意見だし、いいじゃん」と、まるで周りが心狭いみたいに言わんといてー！　会話は言葉だけじゃなく、言葉の向こう側の心のやりとり。相手の気持ちを汲み取りながら、楽しいおしゃべりがしたいですね。

（もし遭遇したら）

「でも、私はあのクッキー好きなんだよな〜。でさ〜」と、しっかり伝えて話を取り返そう！　負けたらアカン！

アカンヒト
FILE
032

クリエイター気取り

会議室にはいろんな人が集まります。中には、ちょっとクセのある人も。意見に幅が出るのはいいのですが自分が一番すごいと思われたいがために人を見下したり変な態度で会議の流れを止める人はアカン。

クセのあるパーマに味のあるヒゲ、長めの薄いコートを羽織り、手にはMacとおしゃれなテイクアウトコーヒー。見たことのないこだわりリュックを背負って、いつも少し遅れてだるそうに会議室に入ってきて、偉そうな態度で大きめに脚組んで頭ボリボリして、会議に参加せずにたまに目を閉じて空中で手を動かし、「あれがこうでこれがこうだからこれがこうで……」とばかりに、見えない何かを右に動かしたり左に動かしたり戻したりしながらキーボードを叩き、みんなの意見が白熱しだすと、「はい、そこまでー」と、突然挙手。みんなの注目を一身に集めると、小馬鹿にするように鼻で笑いながら「それってさぁ、こうすれば良くない？」とカタカナ言葉を多用して、**一体どんな意見を出すのかと思ったら……？**

大したこと言わんのかーーい!!って人、たまにいますよね。どえらいクリエイター気取りで流れ止めておいてなんや！　そこまでするからには、**目の覚めるような妙案言うんちゃうんかい!!**　妙案すぎて、誰かが立ち上がって高揚した顔で「そうか…それだ……それだよ！　すごいアイデアだ……これは必ずヒットするぞ！」とか言い出して、周りも「そうか！　こいつはすごいことになるぞ!!」「そうと決まったらすぐにクライアントに話そう！」「私は上司に掛け合います！」と、**上着持って出ていくやつ続出**で会議室が「わー!!」と沸くような、そんな斬新かつスッゲー案を叩き出すやつの立ち居振る舞いだったよ!?　紛らわしいことすなー！

さっきまで会議室のみんなが言ってたことをサラッとまとめたような意見しか言わないんだったら、そんなイキって座っていないで最初からうんうんと聞いて会議に参加してたらいいのに！　こういう人に限って自分がカッコイイ主役になりたいだけのしょーもない雑談で貴重な会議の時間を無駄にするのよ。〝こだわりの強すぎる俺流コーヒー豆の挽き方講座〟とか、〝海外旅行に行ったときの俺流の時間の過ごし方〟

とか、〝最近買った高いパソコンの調子が悪いから同じ機種の人に設定をいろいろ聞く〟とか、マジで誰も興味ないし何よりおもんないから会議止めてまで話すのやめてくれへんかな？　だいたい使いこなされへんパソコン買うなよ！　「聞いて……マジで俺タバコやめようかなと思って」とか。知らん知らん！　どこでもったいつけてんねん！

会議室は、いろんな人が大事な時間を割いて集まる場所。周りに迷惑をかけていないか自分を見つめ直しましょう。

（もし遭遇したら）
「さすがですねー」と白目で言っておこう。

アカンヒト
FILE
033

ウザ相槌の達人

話すスキがない……!!
うんうんうんうんうんうん
うんうんうんうんうん
うんうんうんうんうんうん
うんうんうんうんうんうん

会話を円滑にするために必要不可欠な〝相槌〟。相槌上手は聞き上手。ほしいタイミングでほど良く相鎚を入れてくれる人と話をしていると、達人の餅つきのように気持ち良く会話が弾むものです。逆に、ウザい相槌を入れられると、一気に喋る気が失せてしまいますね。

「私が担当させていただきます。何卒よろしくお願いします」

しっかり挨拶する人だなぁと思いきや、こちらが「よろしくお願いします。この部分なんですけど〜」と話しだすと、なぜか相槌は全部「**うんうんうんうん**」の人。顔も近いし、急に距離詰めてくるのやめてー。**こちらの話す量に対して見合っていない量の「うんうんうんうん！　うんうんうんうん！」**に、こっちのトークなんてかき消される勢い。もー！　相槌多いって！　どっかの家の**年中出しっぱなしの風鈴**くらいうるさい！

上級者になってくると「うんうんうん」の言い方だけで感情入れてきたりするから

更にウザくてアカン！

私　「この部分をこうしたほうがいいと思いまして」
相手「**うん！　うんうんうん！**（いいじゃないですか！）」
私　「試しにこうしてみたんですけど」
相手「**うんうんうん……うんうん？**（なるほど、それで？）」
私　「良かったのでこちらでいこうと思います」
相手「**うんうんうんうんうんうんうんうんうんうん！！！**（いいと思います！）」
最後はもうトリビアの**〝へぇボタン〟ばりの連打。**ちゃんと言葉で言ってくれ！

「はいはいはいはいはい」も多すぎると嫌だし、「ホイホイホイホイ、ほんほんほんほんほん」とかの**独特すぎる相槌**も、「なんやその相槌は！」と気になって会話できへん。「なるほどなるほど」「確かに確かに」も、ほどほどに！

相槌ワード全部乗せしてくるウザ**相槌マスター**が一番ウザい。

「うんうんうん、ううんうん、なるほど確かになるほどですー」

なんやそのTikTokでバズりそうなリズムは！　絶対人の話聞いてないやろ！

自分の相槌のリズム感に酔いしれてるだけやん！

相槌を制するものは会話を制する！　**相槌は愛の鼓動！**　適当に打たないで、相手の話をじっくり聞いて自然なタイミングでほど良い〝愛槌〟を。

（もし遭遇したら）

「ハイハイハイハイなるほどですー」と言われたら、「ヘイヘイヘイヘイそれやめてー」と同じリズムで返しましょう。

アカンヒト
FILE
034

外国人気取りーマン

海外に行くと、日本との文化や考え方の違いに、誰もが少なからずカルチャーショックを受けるものです。現地にいる間は、生活や言葉だってその土地に合わせて変化することでしょう。

でも、たまに、帰国しても海外生活が抜けきれないのか、ついつい会話の中で英語が頻繁に出てしまったり、なぜか自分は日本人ではないかのように、日本人を下に見た発言をしてしまう人がいるのです。

「オー、ジーザスッ！　カモン！……ガッデム！」

これは、私が撮影してもらったことがあるカメラマンが、カメラの調子が悪いときに自分のカメラに向かって口から自然にでた言葉。インスタのプロフィールも、投稿内容も、名刺も、**全部英語**。顔文字もなんか横向きの外国のやつ。スラングバンバン。でも**仕事相手も友人もほぼ日本人**。

本人の顔も、どの角度からどう見てもめっちゃ日本人です。きっと、海外に住んでいたんだろうな。どれくらい住んでいたのかな……**せめて2～3年はいてくれ！**と願いつつ、アシスタントに聞いてみたら**半年でした。プチ留学か……**。その人の口癖は「だから日本人はダメなんだよ」。**オー、ジーザス、たった半年でそんなこと言うのはナシだぜ!!**

「えーと、ほらあれ、**日本ではなんて言うんだっけ？**」

それは日本語より英語で話すことが多い人しか言っちゃダメ！

「あー、消極的。**日本人のダメなとこ出てるよ**」

自分はナニ人のどんなとこが出てそんなこと言うの？　一体誰から目線？

「戻りてー」

どこにだよ。おまえの故郷は**ここや!!**

世界を広く知るのはとてもいいことです。海外での経験を日本の生活や仕事に生かすのも素晴らしいこと。でも海外に行ったからと言って、自分が偉くなったわけではない。ましてや人を見下すなんて、どこの国でもアカンで！

（もし遭遇したら）

「あー、またいるはずのない外国人が出てるよ」と教えてあげましょう。

アカンヒト
FILE
035

手柄横取り上等ジャー

誰かががんばった結果を高く評価されたときは素直に称えたいし、一緒にがんばったことは一緒に褒められたいですよね。でも、世の中には他人の手柄を平気で横取りできちゃう人や、他人のおかげの評価を1ミリも訂正しないで受け入れられちゃう人もいるのです。

「え～！　良かった～!!　全然全然！」

え？　おいおい、ちょっと待ってよ。私が時間かけてリサーチして、私が予約して、私が休日返上で買いに行った出産祝い。あなたは半分お金出しただけで中身も見てないはずですが？　相手に「わ～!!　これ欲しかったんだ！　なかなか手に入らないやつ！　すごーい！　ありがとう!!」ってすごく喜んでもらえたのは嬉しいけど、なんやその「私が選んだんです！」っていう顔は！　自分が渡したものが何かもわかってないくせに「え～！　良かった～!!　全然全然！」ってなんや！　勝手な謙遜すなすな！　ひとことくらい「〇〇ちゃんが選んでくれたんだよ～」とか言えんもんかね！　言わなくてもええよ、でもな、**ドヤ顔だけはすなー！**

「あ、◯◯さんも食べます?」

ありがとうね。いただくわ。でもね、あなたが今、私にくれたこのお菓子……我が物顔でみんなに配って回っているそのおいしいお菓子は、あなたの信じられない失礼なミスを必死に頭下げてなんとかもらったチャンスを生かして大満足していただけた〝私の仕事〟に対してのお客様からの感謝の気持ちであって、あなた宛てでは決してない……というか、おまえだけは違う。おまえだけはひと口も食べてはいけない、触る権利もないお菓子のはず。それをなぜおまえが一番に開けて一番に食べてから、「あ、◯◯さんも食べます?」って私に渡してんのか**意味わからんのやけど!!** あまりにもありえない光景に、つい「あ、ありがとう」って言うてもうたやないかい! 返せ! 私のお礼! 返せ! 私の労力と時間!! 返せ! 私のお菓子ー!!

「えへへ、いやぁ」

は!?　いや今、褒められたのは私の企画やで!?　なんで今、自分も一緒に褒められたみたいな顔で照れ笑いしたん？　「あぁ、それね！　それ自分も一緒に考えたんですよねー」みたいな顔で照れとるけど何？　何ー!?　はぁー!?　怖いわー!!　**なーんにもやってないで、君!!**

私が見聞きした、ほぼ事実の恐ろしい3つのケースでした。人生、いつでも光の中で堂々と生きられるように正しき道を行く勇気を持っとかなアカン！

（もし遭遇したら、）

鳩が豆鉄砲食らったような顔で、鯉のようにパクパクして、周りが「どうした!?」と心配しだし、相手が自白するまで見つめてみましょう。

小ボケエンドレスLINE

通信アプリは、手軽に連絡ができてとても便利です。ただ、電話や実際に会って話すのとは違って、会話の終わりがわかりにくいのが困りますね。夜なら、**〝おやすみ〟スタンプでなんとかなる**けど、日中が困る。「今、忙しい？」「大丈夫だよ～どうしたの？」という会話のあとでは特に、やりとりを終わらせるのに困ります。そして、相手によっては、地獄のエンドレスLINEになってしまうことも……。「今度ランチ行こ～」「行き

ではさよ京都
奈良ですよー
そこはしかとしといて
奈良だけに
よく気付いたな さては昨日予習したな？
何をですか
予習はよしゅて～

ましょう」「空いてる日教えて〜」「わかりました。スケジュール決まったらまた連絡しますねー」「りょ〜。土曜でもいいよ」「了解しました」。よくある会話です。これで一旦会話終わりでいいよね？　終わりでええやん？　なのに、またきた。

「了解したことに了解しました！」

いや、いらんいらん。絶対いらん。完全に無視したいけど、先輩やし……。「お願いします（笑）」と返しておくか……**全然笑ってないし、真顔やけど。**さすがにこれは終わりでええやん？　それをなんで？

「りょのりょ〜。坂本龍馬」

なんで最後の最後に、いらん小ボケ送ってくるの⁉　既読無視しようか迷っていると、追撃で**三国志の〝呂布〟のスタンプ**が。めんどくさい……！　一応「いや、龍馬ちゃうやん呂布ですやん（笑）」と送る**（真顔）**。なんか返さないと気持ち悪いし……と返した瞬間、即返信が。

「さすがのスピードツッコミ〜！　よっ！　キアヌ・リーブス！」

しゃーないので返信。

「もしかして映画の『スピード』ですか？　古いな！」

「古くないズラ、１９９４年の作品ズラ」

もうやめたい……返信。

「十分古いですやん、そしてなんで急にズラ？」

「でもやっぱなんだかんだ言うて一番はマトリックスかな」

「いや、キアヌの話になってるー」

「ごめん、つい。あ、今日も朝キアヌ食べたからかな〜」

「それキヌアね。めちゃくちゃ栄養あるスーパーフードね。おしゃれなカフェのサラダにまぶしてるやつね！」

……ちょっと待って！　終わらん終わらん！　怖っ！　これ永遠に続くんか!?　私は何地獄に落ちたんや！　**クソしょーもない小ボケネバーエンディングＬＩＮＥ地獄か!?**　なんの罪で!?　ほんで何、その地獄!?

通信アプリは便利だけど、お互いまったく違う場所で、まったく違う空気の中で見ていることを忘れないでおこう。自分は楽しくて爆笑していても、相手は真顔かもしれない。降り続く小雨のように、終わりが見えない小ボケエンドレスLINEは、酸性雨より有害なときもあるのです。

（もし遭遇したら）

既読無視して、あとから「すみません、病院だったので」と返信して温度差を感じさせよう。

育児と仕事の両立がうまくできない。どうしたらいい？

これは本当に大変ですからね〜。周囲の協力なくして絶対両立できないですよね。私もちゃんとした協力体制なく両立できてるなあと思ったことないですから。世の親のほとんどは「これでええんかな？」と思いながらやってるんじゃないでしょうか。

私は子どもがなかなかできなかったこともあって生まれたら絶対一緒にいようと思っていて、保育園でなく幼稚園に通わせたんですよ。だから子どもが小さい頃は家でできる仕事を少しやるくらいだったんですけど、それでも大変やったんで。家でやるだけでもこんなにしんどい

のに外に仕事しに出かけるとかめちゃくちゃハードやんと思ってました。夫が経済的に不安定な仕事だから少しでも私が働かなアカンっていう気持ちはありましたけど、物理的に無理でしたね。今は子どもがふたりとも大きくなったんで、やっと外に出て仕事をしてもいいかなと思えるようになりました。

だから育児中は仕事に関して「絶対今はできない、だから今はアイデアや力を貯めといて、できるようになってからやろう」と気持ちを切り替えるしかなかったんです。「体は1個しかないから今は子育てに専念して、もうちょいできるようになってきたら両方やろ。無理せず少しずつやってこ」という心境でした。

なので結論としては〝完璧には両立できない〟かな。だからできないことがあっても自分を責めずに「今日1日掃除せえへんでも誰も死なん、仕事してんのにご飯も作ったし」という減点方式じゃなく加点方式で考えること。そして、中途半端に手を抜くと罪悪感につながるので、〝手を抜くことに手を抜かない〟をモットーに、しんどいときはしっかり手を抜いて休んでまた次からがんばる、でいいんです。子どもにケガさせへんかっただけで100点です!

何度も同じ失敗をする〝アカン部下〟にイライラしてしまう

いますよね、返事はいいんだけど何回も同じ失敗する人。私も「文書と電話で連絡してくださいね」と言ってるのに相手が電話しかよこさなくて「言ったやん！」みたいなことありましたわ。最近って仕事相手にそこまで追い込むような怒り方をする人、少ないじゃないですか。私も「こういうことされたら困るねんけどな」って笑いながら注意することあるんですけど、それは怒ってないんじゃなくて、こっちの気持ちを察してほしいんですよね。でも向こうは〝怒ってないな〟と思ってるのか同じ失敗をするわけやから、ほんま伝わってないんやな

……とがっかりすることがあります。

でも、もしその人と長いこと仕事をしていきたいのなら、やっぱり1回は根本の原因を解決するために「どうしたん？何回も同じことやってるね」って話をじっくり聞いてあげたほうがいいんじゃないかな。「こっちの伝え方がおかしいんやったら直すし」と最大限譲歩してあげながら「どういうやり方してる？」と聞いて、仕事の進め方をイチからたどれば、思いもよらない解決法が出現するかもしれない。「それや！　なんでそこでそんなんしたん？」っていう明らかな原因が判明する可能性もありますしね。

私も夫が家事ができなかったとき、失敗を怒らずに「これはできたやん！」って気長に向き合ったんです。そしたら彼がどんどん吸収していろいろとできるようになったんですけど、その間は「これはもう未来の自分のためや。今気長に付き合ったら将来的に絶対自分の得になる」と思って、心折れないようにしてました。

できないことにイライラしても向こうが萎縮して動きが悪くなったりすると逆効果ですから。こちらがヒートアップせずに根気良く育てるというのが賢いやり方だと思います。

子ども関係のトラブルによる早退や休みをチクチク言ってくる人がいて会社がつらい

子どもが小さいうちは、やれ熱出したケガしたとかで、どうしても早退しなきゃいけないことが多いですよね。そうなるとどうしても会社に融通してもらわざるを得なくなるし、会社の人たちにフォローしてもらわざるを得ない。会社を出るとき、気まずいったらありゃしないですよね。

でも思うんですけど、こういうのって周りの人にどんだけ先に自分の状況や感謝の気持ちを言えてるか、っていうのが大事なんじゃないかな。「子どもがいて大変なんです、助けていただいていつも本当に感謝してます」というのを会社の人たちにアピールしておくべきだと思うんです。というのも、迷惑かけるほうも周囲が理解してくれてると思って言葉が足りてなかったりすることも結構あるから。「子育て経験者やったら子どもの病気の大変さをわかってくれるだろう」みたいな認識でいると、誤解を招くケースも出てくると思うんですよね。そこをこっちもしっかり歩みよるというか、ちゃんと仕事仲間にアナウンスしておくのが大切やと思うんですよ。こっちも気まずくてコミュニケーションを取らなくなると関係が悪くなるだけですから。自分が無茶なことをしてない限りは味方もいるはずなので、頼れる人を作りましょう。

会社は学校と違って期間限定で卒業できるというものじゃないから、人間関係で悩んでいたとしても揉めてる人が辞めるか自分が辞めるかしかないんですよね。職場が一緒やったらずっと同じ空間にいないとアカンわけやし、こじれたら辛いですよね。ほんまに嫌なんやったら私はそこから離れるのもひとつの手だと思います。思い切って転職したりフリーになることを考えてもいいのでは。

自分以外の他人を変えることは難しいけど、環境を変えることは自分次第でできますから。

アカンヒトCOLUMN

おしゃべり事故

〝アカン〟と〝アカンくない〟の違いはなんでしょう。大事なのは、自分が何かやらかしたときに素早く気付けるかどうかかもしれません。空気を読んだり人の気持ちを汲み取るのが苦手で、自分さえ楽しければ幸せ、という人が多く、会話の中で何かやらかしたとしても「あっ、やっちゃった！」とは、なりません。修正をせずにさらに重ねてしまうので、仕事場や学校の集まりになるとハラハラしてしまうこともあります。

よくあるのが、周囲をまったく見ていないかのような、気配りを感じられないこんな発言です。

ハハハハ
ドーン
今どき
つけま 使ってる人
いないでしょ～
ドーン
ハハハハ

「そうそう、髪切ったの！　だって、もうこの歳でロングヘアーってキツくない？　アハハ！」

ちょっと待って！　隣にいますよ～。ロングヘアーの同い年さんが……ほら苦笑いしてる！　早く「○○さんは似合ってるからいいのよ」とかフォローしろー！

「でさ～、まつエクもやったんだけど～、そうだよ、これまつエク！　つけまだと思った？　いや、今どきつけま使ってる人いないでしょ！　アハハハ！」

待て待て！　私バリバリつけとるがな!!

今は自然なやつもあるんじゃー！　あ、周りが気を遣って苦笑いしてくれてる……なんかすみません……。

もちろん、悪気はないのでしょう。ただし、悪気があるかないかは関係ありません。どんな話題であれ「もしかしたら周りにそういう人がいるかもしれない」「当事者でなくても聞いて不快になる人がいるかもしれない」と配慮しながら話すのは公共の場での基本的なマナーなんじゃないかと思います。これがもし、その人が病気だったり、実はとても気にしていたりすることなら、相手を深く傷付けてしまうことになりますので気を付けたいですね。

アカンヒトCOLUMN

おしゃべり事故

こんな感じで、おしゃべり中にバンバン周囲をなぎ倒していきます。とは言え先程も書きましたが、そういう人の発言は悪気がないことが多い。なので、小さなひとつひとつをいちいち気にしてたら損！　そう割り切るほうが楽です。自分のやらかしにだけ気を付けていましょう。

またどんな人でも、会話の中でやらかしちゃうことはあります。思いがけずコツンと当ててしまう事故のようなものなのです。ということでここからは、なるべく日常の会話で事故らないために、誰もがやりがちな〝些細だけど恥ずかしい事故〟を紹介したいと思います。

初対面の人や目上の人との会話で気をつけたいのが、〝タメ口事故〟です。作業しながら話を聞いていたり、ボーッとしていると、咄嗟の返事がタメ口になっちゃう、アレです。

「えっ、そうなん⁉　……すか？」

必死にカバーしたつもりでも、しっかりバレてます。

私も芸人だった頃、大師匠に「そうやで、なぁ！」と言われ、急に振られたので驚き、「なぁ！」と返事をしてしまったことがあります。1回なら目上の人も笑って済ませてくれるかもしれませんが、何度もこれをやってしまうと、相手に「こいつ、ナメてるな」と思われますよ。脇見おしゃべりに注意です。

不可抗力で発生してしまう、〝ダジャレ事故〟にも要注意です。そんなつもり全然ないのよ、本当にそんなつもりで言ったんじゃないの！　たまたま口から出ちゃった言葉が、なぜかダジャレになっていただけだからー！

「キャンプに行っただけなのに一歩間違えたら遭難でしたよ」
「そうなんですか」

ハッ、違う違う！　違うねんって！　こんなしょーもないこと言う人と思われたくない！　ときを戻してくれ！　しかも初対面で気まずい！　あー！　弁解するのも恥ずかしい！

「すみません、さっきのは違うんです。え？　ほらあの、〝遭難〟と〝そうなん〟がダジャレっちゃいましたけど、あれはわざとじゃなくて……いやいや、そんな驚いちゃって、気付きませんでした？　『え？　そうなんですか？』って、あ！　そっちもやってますやん！　一緒一緒！　アハハ……え？　ずっと意味がわからない？　あ！すみません!!」

とかなったらもう最悪ー！

おしゃべり事故

相手がやらかしちゃうこともありますが、やはり恥ずかしいからか、気付いてはいるけれど当て逃げも多く、気まずいものです。そんなときは「うふふ、そうなんですよー」と、爽やかに軽い感じで返して、すぐに話題を変えてあげましょう。

くれぐれも「え？w　今のってまさか？"遭難"と"そうなん"をかけた高度な笑いですかぁ～ｗｗｗ」とニヤニヤ追い込むのだけはやめてください。事故を防ぐためにも、「もしかしたらこの言葉はダジャレっちゃうかもしれない。大丈夫かな？」と、しっかり前方確認して"かもしれない返事"を心がけたいものですね。

"ダジャレ事故"よりも恥ずかしい、こんな事故もあります。言葉ではないのですが、初デートなどで起こると悲しすぎるのが、"おなら事故"です。

違うんですー！　今のは違うの！　ただ、椅子のビニールが擦れて「ブ～」って鳴っただけなの!!　いやいやマジで！　マジでマジで！　そんな「大丈夫だよ」って微笑み顔で見つめられても「優しいのね、ありがとう」ってならんから！　やめて！　じゃあ、とりあえずもう1回わざと鳴らしときますね！　はい！　ほらほら！　鳴った！「ブブー」って鳴ったでしょ!?　さっきより大きい音で。これで私の潔白が……いや、何その顔！　もしかして今のも2弾目のおならと思ってる!?　最悪やー!!

他にも、映画館で静かなシーンのときに限って、「プゥ～ン」という謎の高音のお腹の音が鳴る、というパターンもあります。変な音すぎて自分でも一瞬耳を疑いますよね。立ち上がって「みなさん！　信じられないかもしれないけど、今のはお腹の音なのですよ！」と叫びたいところですが、ここは落ち着いて、ヘラヘラしながらお腹をさすってアピールしましょう。こんなことにならないためにも、大事なデートの前には、お腹が空いていないか、近くに紛らわしい音が出るものはないか、しっかり指差し確認で防ぐべし！

アカンヒトまではいかないけど、恥ずかしい小さなやらかし。自分は恥ずかしくて一生覚えていたりするものですが、意外と人は他人の小さなやらかしは覚えていません。なので、気にせずいつか笑いに変えて浄化できたらいいですね。

日常の〝やらかし〟は、なかなか防げませんが、素早いフォローやカバーで小さく終わらせることはできます。そのためにも、日頃から周囲への気配りを心がけたいものです。

SPECIAL TALK

野々村友紀子
×
犬山紙子

― 自分も子どもも気になるアカンヒト対策会議 ―

共に生まれが大阪、娘を育てる母親、文筆業のかたわら情報番組のコメンテーターとして活躍するなど、何かと共通点が多い犬山紙子さん。初対面ながら「初めて会った気がしない！」と盛り上がるふたりが語る「アカンヒト、アカンコト」とは……？

撮影＝中川有紀子

犬山紙子

(Profile)

イラストレーター、エッセイスト。1981年生まれ、大阪府出身。最新刊は『すべての夫婦には問題があり、すべての問題には解決策がある』（扶桑社）。2017年長女を出産。現在コメンテーターとしても活躍中。

野々村　私、この本を書いてて「自分もやってる」と気付くことが結構多かったんです。例えば本の中に「私が神なのだ人間」（P104参照）という項目があるんですけど、実は私も「これめっちゃいいで」って人に強く勧めるタイプなんですよ。

犬山　私も勧めたいタイプです（笑）！

野々村　言い方も「良かったら」でいいのに「これ食べたら他のもん食べられへんで！」みたいな。でも、あとで思うと「他の食べられへん」とか言うたら、その人が今食べてるもんがアカンみたいになるやん、と書いていて気付くんです。

犬山　でも私も言っちゃう。お勧めするときの〝圧〟、自分も強いほうなんで。

野々村　いわゆる価値観の押し付けってやつです（笑）。なんでも言い過ぎたらアカンのですよね……。犬山さんはそういうことはあまりなさそうですけど。

犬山　めっちゃあります！　私もクソみたいなアドバイスを〝クソバイス〟と表現してまして。自分が30歳前くらいで彼氏がいなかった時期に男の人から「子どもを産むこと考えたら本気出さなきゃ」みたいなことを言われて、めっちゃイラッとして「それクソバイスやぞ」と。でもそれを考えていくにつれ「私もやってたなぁ……」みたいな気持ちになって。女友達に「こういうほうがモテるよ」とか言ってたんで。自分に説教したいです……。

野々村　ふふふ。でもありますよね、そういうの。人のを見てたら腹立つのに自分もやってしもてたなぁって。私も人に「こうしたほうがえぇで」と山ほど言ってました。子どもは早いうちに産んだほうがいいやろなって思ってたから、産んでないときから「絶対早く産んだほうがええよな」って人に言ったりとかね。でも自分がいざその立場になったら、そんな簡単なものじゃないことがわかりました。人は経験したことがないと、なかなかわからないものですよね。

犬山　本当に……。子育てしてる今もクソバイスを受ける機会がかなり多くてイラッとするときがあって。育児のアドバイスは世の中にたくさんありますが、こっちが相談して「こういうのがいいよ」と教えてもらうのはありがたいけど、「それはヤバイで！」みたいに焦らせてくる系のものはダメだと思います。しかもこっちの事情を何も知らない人に言われることが多くて。

野々村　「おしゃぶりさせてたら歯並び悪

くなるよ」みたいなやつとかね。「ラクさせてー！」っていうのはありますよね。

犬山　スマホもそうですよね。「もう見せてるの？」みたいな。

野々村　見せるっちゅーねん！　1日中見せてるわけやないねんから。移動とかね、静かにしてほしいときだけやから。どんだけ大変や思てんねん！

犬山　いらんお世話ですよね。そういや私、自分がアカンかったと言えばムチムチの赤ちゃんに対して「わがままボディやな〜」って言っちゃったことがあって。私としてはとてもかわいく感じたので褒め言葉のつもりで言ったんですけど、その親御さんが子どもがぽっちゃりするのを気にしていたら「この言葉、嫌かも」って。普通に「かわいいね」で良かったのにって。

野々村　笑いを足してしまったんですね（笑）。ありますよね、そういうの。

犬山　あと私が〝アカン〟と感じるのは、自分と一緒に子どもの自虐をすること。自分のことだけを謙遜するならまだ気持ちはわかるんですが、そこに子どもを巻き込むのは本当に良くない。子どもが褒められたときとかに「うちの子なんて全然！ かわいくもないし」とかやってしまうと、子どもの自尊心がめちゃめちゃ傷付いてしまうので。

野々村　ほんと、関西で多いんですよね。「うちの子アホやからうらやましいわぁ」って他人の子を持ち上げて自分の子を落とすみたいな。昭和の子なんて山ほど傷付いてると思いますよ。

犬山　大人になっても、子どもの頃親に言われた「あんた鼻だけがちょっと残念やな」みたいなひとことを、ずっとコンプレックスに思ってしまうこともありますね。その一方で親は言ったことすら忘れてるんですよね……。

野々村　自虐をやっちゃったとしたら、陰

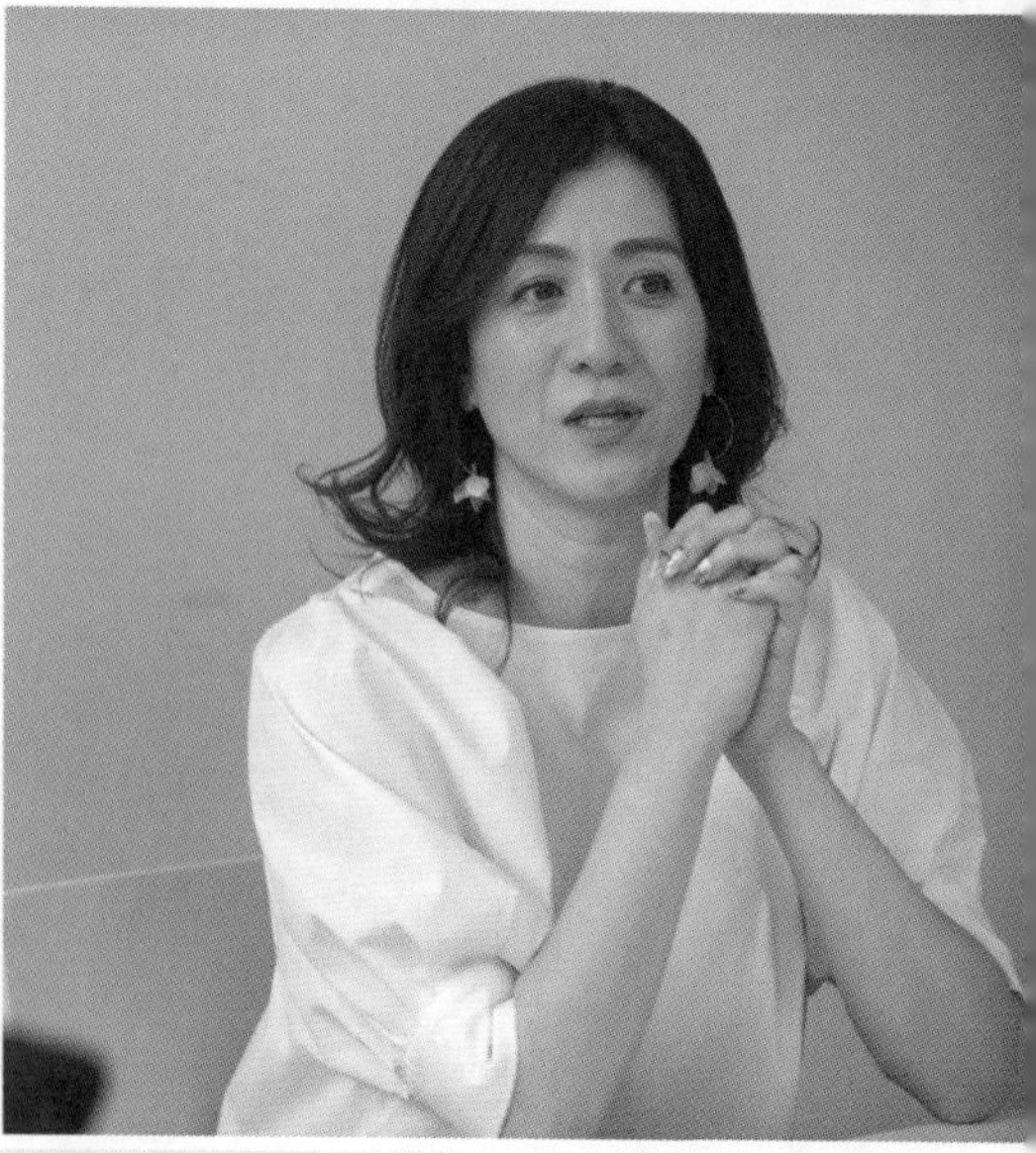

でその倍以上は褒めないとリカバーできないですよね。

犬山　「さっきの嘘だからね！」って。

野々村　「あんたが一番やと思ってるからな」って言わないと、絶対、子どもってダメですよね。

犬山　本当に。あと、〝ひとりっ子〟がダメとか、子どもがいないのがダメとか、自分の価値観で他人のことに口出す〝アカンヒト〟に悩んでる人が多いと思います。私も子どもがひとりなんですけど、周りから「絶対ふたり目を産んだほうがいい。ひとりっ子はかわいそう」とまで言われたんです。いや、事情あるやんって。体もそうだし経済的な話もあるし。しかも出産って命がけのことなのに……。悪意がないのはわかってるけど、周りが入ったらアカン領域だと思うんですよね。でもひとりっ子ママが周囲から罪悪感を感じさせられる物言いをされることが多いとは感じていて。

野々村　たしかに「ひとりっ子かわいそう」と言ってくる人、結構いますよね。

犬山　そんなとき「私はひとりっ子ですけど、自分のことをかわいそうと思ったことは1回もない。でも母親が周りにそのことについて言われて、悲しそうにしているのは感じていた。だから母親にはそういうときに『この子がいるだけで私はとても幸せなので』という風に言ってほしかった」という意見を目にして「ああそうか、私もそうしよう」と思ったんです。

野々村　私も自分がひとりっ子なんで気持ちがわかります。親が「ひとりでも嬉しい」とずっと言ってくれてたから、自分がかわいそうとかきょうだいがほしいと思ったことがなかった。ほんと人それぞれでいいと思いますけど、ふたり目不妊で悩んでる人がいるということを知らない人がかなり多いということは感じます。繰り返しになりますけど、価値観を押し付けるのは本当に良くないですよね。

犬山　そういえば私、取引先の年配の男性に「きょうだい絶対いたほうがいいよ」とか言われたとき、（お腹を押さえながら）「ちょっと体の事情で」と言ったら一発でそれ以上何も言われなくなったという経験があります。嘘じゃないですしね（笑）。

野々村　そうやって〝アカンコト〟を言ってきた人には気付かせてあげたほうがいいと思います。

犬山　そうですよね！　同じことをこの人が他の人に言わないためにも、指摘していくことが大切だと感じています。

野々村　私は〝アカンコト〟をしてきた人に「私にはええけど、それヨソでやらんとってな」と子どもに言うみたいに伝えるときがありますよ。

犬山　なるほど！　〝私にはええけど〟という言い方は切り離していない感じがある、最大限の優しさの表現ですね。私は自

分の娘には今の時代に残る〝アカン感じ〟を受け継がせたくなくて。将来、きっと嫌な目にはあうだろうけど、それこそ今回の野々村さんの本を読んで、嫌なことをはねのける力を持っていてほしいな。

野々村　この本、最初は〝アカンヒト〟にやられて嫌なことばかり書いてたけど、書いてるうちに「これは〝アカンコト〟をやらないための本やな」と思うようになりました。自分が〝アカンヒト〟にならないって、ほんまに大事なことですしね。

あとがき

〝アカンヒト〟とは、どこにでもいる人なのです。

同僚や御近所さん、自分の親にも子にも当てはまる……。それどころか、「えっ、これって自分のこと？」と思った方もいるのではないでしょうか。それくらい、〝アカンヒト〟の生息地は超身近。

犬山さんとの対談でも話しましたが、私自身、原稿を書いていて「うわ、これって私かも」と、キーボードを打つ手が止まることもしばしば。

だって、〝普通に〟なんて言葉はフツーに使ってるし、バイトしていた頃は都合よく体調悪くなってズル休みもしょっちゅうしてたし、関西人特有の「これなんぼやったと思う？」という〝もったいつけ〟どーでもいいミニクイズを多発しちゃうし、私が神なのだと言わんばかりに自分が買って良かったものを他人に勧めまくっちゃう。

本文には書ききれなかったけど、候補メモにはこんな人やあんな人も。

借りパクしちゃう人、他人のマネばっかりしちゃう人、ポジティブが過ぎてしんどい人、原稿の締め切り守れないのに「○○日までに書きます」って言っちゃう人、自分のことは棚に上げてあれもこれも〝アカンヒト〟にしちゃう人……ハッ、やばい！ほらまた自分の中のアカンヒトが出てきてしまった！

そう、アカンヒトはあなた自身かもしれない……

なんて嫌な終わり方はしません。

本書の〝アカンヒト〟は、本当にあかん人間ではないのです。

人を騙したり、神社のお賽銭を盗む人、あおり運転をするような人は、〝ワルイヒト〟です。犯罪や、人をわざと傷付けるようなことをする人は〝アカン〟では納まりません。

娘たちには、〝ワルイヒト〟や、周囲に迷惑をかけるような〝アカンヒト〟には絶対になってほしくありません。

しかし人生は厳しく、世間にはいろんな人間がいる。
思うようにいかないことは多く、いい人と出会うだけのぬるい旅ではない。

もし〝アカンヒト〟や〝ワルイヒト〟に出会っても、たとえ寒風吹きすさぶ旅になったとしても、希望と自分だけは見失わずに戦い、打ち勝ってほしい。
ときには「こんな人もおるよなぁ」と笑ってやり過ごし、「こんなんでへこたれてたらアカン!」と、必ず幸せを掴むまでは諦めない〝ツヨイヒト〟になってほしい。親としての願いです。

生き抜くためには、〝アカンヒト〟の図太さも多少は必要でしょう。
だから最初は失敗だらけの〝アカンヒト〟でもいい。調子に乗って、やらかしちゃってもいい。最終的に「これではアカン!」と気付き、正せばいいのですから。

〝アカンヒト〟と〝イイヒト〟は、実は紙一重。

あなたの周りの〝アカンヒト〟だって、深く知ってみると実は、「ちょっとお節介だけどすごく親切で頼りになる人」や「他人にも幸せを分けてあげたいハッピーガール」かもしれません。

〝アカン〟は自分の考え方次第で〝イイ〟に転じることができ、〝アカンヒト〟に出会えば出会うほど、周囲の〝イイヒト〟の大切さに気付きます。〝アカン〟があるから〝イイ〟がはっきりと見えるのです。

それを教えてくれた〝アカン〟に感謝します。

そして、アカンところがいっぱいある私と関わってくださったすべての方に、深く深く感謝いたします。

著 **野々村友紀子**（ののむら ゆきこ）
1974年8月5日生まれ。大阪府出身。2丁拳銃、修士の嫁。芸人として活動後、放送作家へ転身。現在は吉本総合芸能学院（NSC）東京校の講師、著書・脚本等の作家業に加え、メディア出演など多方面で活躍中。代表的な著書に『強く生きていくために あなたに伝えたいこと』（産業編集センター）、『夫が知らない家事リスト』（双葉社）他。

イラスト　室木おすし
装丁・本文デザイン　佐藤ジョウタ、渡部サヤカ（iroiroinc.）

編集　竹村真奈（タイムマシンラボ）
執筆協力　犬塚左恵（P058-063、112-117、160-165、172-179）
校正　合同会社こはん商会

2021年12月14日　第1刷発行

アカンヒトズカン

発行人　中村 公則
編集人　滝口 勝弘
企画編集　石尾 圭一郎
発行所　株式会社学研プラス　〒141-8415　東京都品川区西五反田2－11－8
印刷所　中央精版印刷株式会社
DTP　株式会社アド・クレール

〈この本に関する各種お問い合わせ先〉
・本の内容については、下記サイトのお問い合わせフォームよりお願いします。
https://gakken-plus.co.jp/contact/
・在庫については　Tel 03-6431-1201（販売部）
・不良品（落丁、乱丁）については　Tel 0570-000577
学研業務センター　〒354-0045 埼玉県入間郡三芳町上富279-1
・上記以外のお問い合わせは　Tel 0570-056-710（学研グループ総合案内）